安徽师范大学体育学院学术丛书

U0742182

徽州民俗体育研究

HUIZHOU MINSU TIYU YANJIU

2011年度国家社科基金青年项目（课题编号：11CTY027）

2015年安徽省学术和技术带头人学术科研活动资助成果

卢 玉 著

安徽师范大学出版社

·芜湖·

图书在版编目(CIP)数据

徽州民俗体育研究 / 卢玉著.—芜湖:安徽师范大学出版社,2018.12
ISBN 978-7-5676-3165-6

Ⅰ.①徽… Ⅱ.①卢… Ⅲ.①民族形式体育–研究–安徽 Ⅳ.①G852.9

中国版本图书馆CIP数据核字(2017)第230237号

徽州民俗体育研究　　　　卢　玉◎著

责任编辑:汪碧颖
责任校对:何章艳
装帧设计:丁奕奕
责任印制:桑国磊
出版发行:安徽师范大学出版社
　　　　　芜湖市九华南路189号安徽师范大学花津校区　　　邮政编码:241002
网　　　址:http://www.ahnupress.com/
发 行 部:0553-3883578 5910327 5910310(传真)　　E-mail:asdcbsfxb@126.com
印　　　刷:江苏凤凰数码印务有限公司
版　　　次:2018年12月第1版
印　　　次:2018年12月第1次印刷
规　　　格:700 mm×1000 mm　　1/16
印　　　张:12.25
字　　　数:201千字
书　　　号:ISBN 978-7-5676-3165-6
定　　　价:45.00元

如发现印装质量问题,影响阅读,请与发行部联系调换。

总　序

　　由安徽师范大学体育学院策划的学术丛书即将出版,这既是体育学院在办学过程中的一件大事,也是学校科学研究和学科建设中值得庆贺的喜事。我受托为丛书写序,荣幸之余,借此机会向各位作者表示衷心祝贺,并就此套丛书的策划背景及基本内容略抒管见。

　　作为人类共同创造的一种特殊的社会文化活动,体育是社会发展与人类文明进步的重要标志,体育事业的发展水平体现了一个国家、一个地区综合实力以及社会文明程度的发展水平。伴随着我国综合国力的增强,体育在社会、文化、政治生活中所起的作用日益彰显,对国民素质的提高具有不可估量的作用,担负着人才培养的责任与使命。正是基于体育价值的增长与高校人才培养需求的现实,体育在学术研究和学科地位上日渐成为一门大众"显学"。尤其是21世纪以来,人们对体育学科归属于交叉科学部类下的综合学科的性质的认识愈加清晰。在此思路指引下,有关体育方面的研究成果不断涌现。这些成果对体育专业发展、学科建设和体育理论创新都有着极为重要的意义。

　　体育学院自创建以来,在老一辈倡导的"严谨治学、自信自强、艰苦创业、求真务实"的体院精神激励下,教风优良,学生勤奋刻苦、进取心强,涌现了一大批体育英才。近些年来,我校体育人文社会科学研究一直保持着比较活跃的研究态势,涌现出一批中青年学者。系列学术专著的出版既是我校体院精神的传承,也是我校建设地方高水平大学深入推进之际的重要体现。这些著作不仅凝聚着学者们的研究心血,体现了学者们的学术自觉与学术担当,更是我校体育人文社会科学发展与创造的精神所在。我相信这些学术专著的出版能为我校体育学科的建设、人才培养以及体育功能的发挥,提供知识丰富、体例完备、持论有据的理论基础。

作为反映安徽地方体育院校办学水平的理论专著,该丛书体现了以下几个方面的特点。

首先,丛书为我国高校体育学科建设提供了较为科学而系统的理论框架。如《现代体育科学学科体系研究》,从梳理古代、近代和现代科学体系的演变与发展入手,结合国际组织机构、各国政府和相关部门制定的关于学科分类的标准、手册等有关文件,对体育与体育科学的概念和术语演进历史进行了逻辑学考察,全面梳理了体育教育科学、体育生物科学和体育人文社会科学等的形成和发展轨迹,探讨了现代体育科学学科发展的趋势,构建了现代体育科学学科体系。其知识的覆盖面广、理论的科学性与系统性强,必将为我国高等教育和体育学科的发展注入活力和动力。

其次,丛书涉及的研究领域与内容广泛而深入,理论观念的创新较为突出。从研究涉及的领域来看,成果呈现出基础研究、应用研究和开发研究协调发展的研究态势。研究内容的深入来源于作者学术创新的价值取向和敏锐发现问题的学术视角。如《利益冲突视角下体育纠纷及其解决机制》,基于改革开放以来的现实背景,分析指出体育纠纷产生的根源在于参与体育活动的各方主体之间的利益冲突。由于纠纷主体的多元化以及产生纠纷根源的多元化,应当构建多元化的纠纷解决机制。体育纠纷得到有效解决,是保障运动员、教练员、裁判员、消费者、赞助商、体育协会以及政府等各方利益的迫切要求,也是"依法治体"的重要内容和内在动力。从理论上建构多元化体育纠纷解决机制的运行框架,能够为改进和完善我国体育纠纷解决机制提供参考。

最后,尊重体育实践及其发展规律,注重安徽地方体育文化研究是该丛书的特色。涉及的内容主要凝聚在我国基础教育改革与发展、注重安徽地域特色、突出体育经济与社会服务的办学实践中。在其中不难看到当前体育的发展现状,可以了解体育法制延伸的社会轨迹和农村体育发展的战略举措,揭示了我国体育实践发展的基本规律,凸显了徽州体育文化的地域特色。应该说,丛书特色的形成是我校在体育办学中遵循体育发展实际、注重体育文化育人功能、整合地方优势资源的综合结果。这对促进体育强国建设和体育学术力的增长无疑有着积极意义。

2017年恰逢体育学院建院60周年,系列丛书的出版不仅是对院庆的献礼,也是体育学院办学特色的进一步彰显。2018年是我校建校90周年大庆,系列丛书的出版是体育学院献给校庆的一份礼物。在此,谨向关心、支持我校发展的学人表示谢意。

　　谨为序。

张庆亮

2017年11月22日

目 录

第一章 导 论

第一节 研究目的与意义

一、研究目的

（一）推动我国体育事业长效发展

改革开放以来，社会的快速发展已经引起体育发展格局出现新的转变。在中国文化复兴的伟大征程中，"文化软实力"的提出引领着我国体育文化的发展走向，尤其是在北京奥运会成功举办之后，党和国家领导人提出的"体育强国"口号为我国体育发展注入了新动能。在此背景下，我国传统的民俗体育研究掀起了又一轮热潮。传统民俗体育属于大文化范畴，担负着实现文化软实力提升的使命。除此以外，在我国传统社会历史中形成的民俗体育所释放的热能对全民健身、构建和谐社会等有着不可替代的价值。实现体育强国，不能仅靠竞技体育一枝独秀，也不能只靠群众体育、竞技体育和体育文化产业"老三样"来实现；而是需要我们挖掘、整理我国民间民俗体育宝库，丰富和满足人们日益增长的体育文化需求，形成合力，进而共同推动我国体育事业的快速高效发展。当前，我国文化建设和体育事业发展需求与理论研究的相对贫乏形成极大落差，民俗体育的理论体系尚未构建，迫切需要对民俗体育加以整理和研究，以推动我国体育事业长效发展。

（二）拓宽徽学研究领域

20世纪50年代以来，数十万件徽州文书的大规模面世，引起了国内外学者的高度关注，被视为继甲骨文、汉晋简帛、敦煌文书、明清内阁大库档案之后新资料的第五大发现。随着徽州文书的搜集、整理和研究，20世纪80年代,徽学作为一门新兴学科蔚然兴起,被誉为与敦煌学和藏学并列的中国三大走向世界的地方显学之一。目前徽学研究进展迅速,成果丰硕。其中,《徽州文化全书》堪称百科全书式的徽学研究成果。作为国家社科基金1999年度重点研究项目的最终成果,《徽州文化全书》于2005年正式付梓,内容涉及徽商、徽州教育、新安理学、新安医学、新安画派、徽州宗族社会、徽州方言等诸多领域,共20卷,成果囊括徽学研究的主要方面。

徽州民俗体育是徽州文化的活态载体,它作为一种特殊文化形式充分表达着徽州"人与自然""人与社会"的生活时态,在历史的长河中与徽州社会的政治、商业、地方社会风俗等密切相关。因此,研究徽州民俗体育对进一步揭示徽州物质文化、精神文化发展规律有着不可替代的作用,是探究和分析徽州文化的又一把利器。颇为遗憾的是,对徽州文化活态载体的传统民俗体育研究在坊间并不多见。实际上,徽州民俗体育渊源久远,曾经十分兴盛。在徽州地方文献中,有关徽州民俗体育方面的记载屡屡可征。深入挖掘和研究文献,对拓宽徽学研究领域和丰富我国传统体育的宝库有着重要的作用。

(三)为民俗体育发展与学科建设提供理论基础

民俗体育总是依附于一定的民俗文化而存在的,这是民俗体育存在方式的重要特点,由此而言,民俗体育的存在是多种文化的复合体。十里不同风,百里不同俗。民俗极具地域个性特征,不同地域形成的民俗有着极大的差别,不同地域的民俗体育文化也就千差万别。

中国是个地大物博的国家,文化发展不平衡,各地纷繁复杂的民俗体育事象都具有显著的地方特征和民族特点。面对如此丰富复杂的民俗体育文化,不用说一一整理,就是理出一个清晰的头绪来,也不是一件容易的事情。因此,加强对地域民俗体育的研究,从地域民俗体育文化中发现其个性与共性,对研究更为广泛意义上的民俗体育,推动我国民俗体育学科的建设有着积极的意义。

在民俗体育前限定"徽州"一词,不仅是地理学意义上的命题,更是涉及徽州文化和历史层面意义的命题。历史上的徽州无论是地理范围还是行政区划时常有细微变化,但总体保持稳定。以徽学研究划分为依据,徽州是指原徽州府属六县①。研究徽州民俗体育的目的不仅在于揭示徽州地域民俗体育文化的特征，还在于徽州文化"集中地、典型地体现了中华传统文化的精华"②。因此，只有深入研究区域民俗体育，从民俗体育与地方社会的角度出发，才能把民俗体育的研究推向一个新的高度。正因为如此，将视角放到徽州，通过具体的、历史的考察研究徽州民俗体育，从地方的特殊性中找出我国民俗体育的同一性，进而为我国民俗体育现实发展和学科建设提供理论基础。

二、研究意义

现实意义：全球一体化的加速发展和社会的诸多进步，已带动我国现代体育的广泛发展。在现代竞技体育的强势语境中，我国民俗体育面临着时代选择和融入体育舞台的发展诉求。对民俗体育的挖掘、整理和研究已经受到各界的广泛关注，一些地方的民俗体育得到推广与运用，在大众体育健身中发挥着应有作用。民俗体育是我国传统文化中的瑰宝，是当前全民健身体系的重要内容。挖掘、整理和研究徽州民俗体育，有利于发展我国传统体育文化，丰富传统体育活动内容，为全民健身与和谐社会的构建提供有益指导，对有效开发与保护体育文化遗存和发展体育旅游、体育产业等均具有重大的现实意义和范本价值。

理论意义：对徽州文化活态载体的民俗体育加以研究，可以促进我国传统体育学领域多学科的综合研究，拓展徽学研究领域和研究深度。在研究方法上，将借用人类学、社会学、文化生态学等学科理论对徽州民俗体育的特征、价值、文化内涵、变迁规律、传承路径与发展等问题进行科学研究，这不仅为我国民俗体育的研究提供了有益启示，而且为我国民俗体育学科体系的构建提供了理论基础和基本框架。

---

① 2005年国家社科基金重大项目成果《徽州文化全书》将徽州的范围界定为"原徽州属下歙县、黟县、休宁、祁门、绩溪和婺源等六县"。

② 叶显恩：《徽州与粤海论稿》，安徽人民出版社2004年版，第28页。

第二节　研究方法、研究思路与创新之处

一、研究方法

(一)文献学法

对徽州文化资料的占有是本课题研究的基础。徽州民俗体育的文献记载大都散见于地方志和谱碟文书中,对这些资料的占有需要另辟蹊径,广泛搜求。

从现有的徽学研究资料来看,《明清徽商资料选编》《明清徽州社会经济资料丛编》《徽州千年契约文书》等被学界视为当前研究徽州文化最具价值的文献典籍。这些文献典籍中收录了大量的徽州族谱、民俗、方志和契约文书,为研究徽州民俗体育的历史时态提供第一手资料。为了努力探求徽州民俗体育的历史原貌,需要对徽州一府六县的地方资料进行全面把握,包括文书、谱碟、方志、文集等。为此,课题组成员奔赴黄山市、歙县、黟县、婺源、绩溪、休宁、祁门县文化站等藏书单位,广泛搜集相关文书、谱碟、方志、文集、笔记、传记等文献资料。除了以上市、县志的记载外,还搜集了部分对民俗体育的记载更为具体详实的乡镇志。在收集到的资料中,有关民俗体育的记载都零散地融合在风俗、人物、节庆等传记中,如赵吉士的《寄园寄所寄》、许承尧的《歙事闲谭》等对徽州民俗体育活动都有一定的记载。

此外,笔者在广泛阅读民俗学、社会学和文化学等相关学科文献资料的基础上,把握相关研究领域的最新成果和研究动态,在总结经验、分析不足的基础上,撰写学术综述。

(二)田野调查法

研究民俗体育文化,必须确立研究单元,即要确立民俗体育所生存的空间环境。这正是现代社会学所采用的社区研究方法的一种学术取向。正如费孝通先生所言:"以全盘的社会结构作为研究对象,这对象并不能是概然性的,必须是具体的社区,因为联系着各个社会制度的是人们的生活,人们的生活时空的坐落,这就是社区。"①而时空最为显著的场域特征就是地域

---

① (转引)邹琼:《全球化与乡村变迁:珠三角南村的实践》,商务印书馆2012年版,第45页。

性。在徽州地域形成和发展起来的民俗体育有着自身的时空坐标,确定其时空坐标对课题研究有着重要意义。

在徽学研究中,徽州有大徽州和小徽州之分。大徽州是指徽州商帮经营商业所到之地,其地域范围较广;小徽州是指历史上徽州府辖六县,即歙县、绩溪县、婺源县、休宁县、黟县、祁门县。本课题将研究范围确定在小徽州范围之内的各个村落,深入了解徽州各个村落民俗体育在各历史时段中的存在状态,考察它与社会外部环境之间的联系,进而提高对徽州民俗体育的整体把握与认识。

田野调查法是民俗体育研究的基本方法。我国人类社会学家曾对田野调查法做过这样的表述:田野调查研究实际上就是指实地调研,包括实地访问、社会调查、问卷测试、实地考察等。对徽州民俗体育的研究也离不开田野调查法。悠久的徽州历史和灿烂的徽州文化为徽州留下了极其丰富的民俗体育文化,对其挖掘与整理是一项十分艰巨和繁杂的工作。课题组借用多方力量,在相关领导的支持下,徽州各县、区及乡镇体育部门都积极参与此项研究的调查和整理工作。

研究过程主要分为三步:第一步是广泛搜集徽州民间仍然在传承的民俗体育活动项目。搜集的内容包括:项目的起源、传说,项目的文化内涵,项目的活动流程,项目的特征与价值以及目前的发展状况等。这一步工作为进一步研究奠定了坚实的基础。第二步是四乡采风。为确保研究的可靠性和真实性,课题组对所搜集调查的民俗体育项目进行田野考察,即深入项目传承的所在村落进行了实地调研。在田野考察的同时,注重对已经失传的或是处在边缘状态下的民俗体育项目的搜集和整理。这一步工作是对项目的传承人或是乡村父老进行民间采风,从中获取大量有价值的一手资料。在采访过程中,有些项目的传承人在第一次采访后不久即溘然长眠,正因为如此,有些资料是不尽完整的,在感慨之余越发感到此项工作的迫切性。第三步是在大量田野调查和深入采访的基础上,考察各地不同时期的方志、谱碟、文书、民间笔记等文史资料。进行这项工作,一是考虑到这些弥足珍贵的历史资料可以验证徽州民俗体育在徽州历史中的发展状况;二是考虑到有些民俗体育项目在传承中已经流失,通过文献查找可以为挖掘整理提供补充,尽可能地向世人展示徽州民俗体育的原貌。

调查历时两年多完成。2011年12月,在相关领导的支持下,组织徽州境内各文体局(站)的同志在黄山召开课题会议。各乡镇文化站负责人调查统计所辖范围内各村落的民俗体育项目,并进行问卷调查,调查内容包括活态的也包括历史上曾经开展但目前已经失传的民俗体育项目。通过此次问卷调查,对徽州民俗体育项目及其空间分布有了初步把握。在调查的基础上,2012年7月,课题组陆续奔赴徽州各民俗体育项目所在村落,在乡镇文化站负责人的带领下,对民俗体育项目的历史起源、项目的运动形式和内涵等进行了深入采访,获得了大量的一手材料。2014年2月,课题组成员再次深入徽州对现存的活态民俗体育项目进行细致考察和现场采访。在考察中,我们惊奇地发现,这些民俗体育活动对民众有着巨大的吸引力,可谓是乡村生活中隆重的文化盛典。

(三)系统研究法

对徽州民俗体育的实践研究,不仅要了解项目的存在和表现形式,还要关注民俗体育活动行为背后所蕴含的文化内涵和对人的意义旨趣。一般来说,体育运动是其外在的运动形式和内在的价值旨趣的综合体。因此,本课题研究既注重对外在的体育组织方式、活动流程等的了解,又注重对其内在价值进行深度挖掘,以系统的方法对其进行整体把握。

在徽州一府六县中,民俗体育广泛分布在不同村落之中,村落与徽州地方社会之间是局部与整体的关系,需要将民俗体育放到徽州地域的整体社会文化背景中加以讨论。唯有如此,才能真正把握徽州民俗体育的文化特征及其与徽州文化之间的关系,才能将研究推向深处。

(四)跨学科研究法

近年来,人类学、文化生态学等多学科交叉研究的方法在人文社会学中得到广泛运用。不仅如此,包括自然科学在内的几乎所有研究领域都有此共同的价值取向。有学者指出,学术研究如果画地为牢,各自为政,这样的学科只能走向危机与贫困,因为学术研究并没有严格的界限,应通达古今、旁及左右。

作为反映徽州社会生活样态的、综合性的民俗体育,其研究方法与人文社会科学有着很多相似之处,这是由它们之间共同的人文特点决定的。例如,借用民俗学和哲学的相关理论对民俗体育的概念进行界定,并依据传统体育学和民俗学对其进行分类;借用文化生态学理论和文化社会学理论对民俗体育的变迁问题进行深入分析;依据人类学、经济学和教育学的理论,从非物质文化遗产视角,结合实地考察对民俗体育的传承和发展进行理论探索。本书通过多学科交叉研究,探寻徽州民俗体育的内在结构及其与外部之间的深层联系,揭示徽州民俗体育发展的一般规律。

二、研究思路

"徽州民俗体育研究"是以徽州民间散存的民俗体育为研究对象。总体而言,对体育现象的研究,都脱离不了两大"使命":一是在理论上有所创新,为其学科建设与发展提供理论支撑;二是对我国体育实践与运用提供有益帮助。徽州民俗体育研究也不能游离于这两大"使命"之外。从理论层面来看,对徽州民俗体育的历史演进、文化特征、内涵挖掘和传承发展的路径与规律等理论进行探索是研究的重要任务之一。同时,需要将徽州民俗体育研究"绑定"在当前和未来我国社会对体育的需求基础之上,即要与社会需求相契合。从实践层面来看,对徽州民俗体育本体研究即运动项目的整理与挖掘是研究的另一任务。

我国民俗体育研究还处在"小荷初露"和"众声喧哗"相交织的阶段,还没有形成一个相对独立的理论体系,也就难以找到固定的参考模式。但任一文化事象的存在与发展都离不开其自身的逻辑和外在的影响,徽州民俗体育文化现象的存在同样如此,它是外在运动形式和内在价值旨趣的综合体。因此,需要结合徽州民俗体育自身的特色和逻辑,站在社会文化体系这一大背景中去考察和研究,不能就体育论体育;需要将徽州民俗体育与社会文化、学科理论创新等结合起来;需要吸取传统体育学科的营养。基于此,徽州民俗体育研究的任务应包含以下几个研究议题:从民俗体育的内部结构上研究徽州民俗体育的历史形成、文化特征、功能与意义;从民俗体育的外部环境中研究徽州民俗体育与徽州社会文化等之间的相互联系及其现实价值,徽州民俗体育的当代传承路径探索,徽州民俗体育的当代发展,等等。

就研究性质来看,在这些研究议题中,对徽州民俗体育的历史形成、文化特征、功能与意义等的研究属于基础理论研究,对其运动形态的研究属于实践整理探究。徽州民俗体育的基础理论与运动形态不仅展示它"是什么"

的问题,还涉及徽州民俗体育存在的价值。综合两大研究任务和研究性质,本书将徽州民俗体育研究按"实践运动内容整理—内涵挖掘与基础理论探讨—规律与传承理论探索"的顺序呈现。

对以上任务进行研究,要坚持眼光向内和眼光向外两个视角,遵循传统体育学科的研究规律。一是眼光向内,了解徽州民俗体育的历史与现实存在,对其本体进行深度挖掘整理,分析其特点、价值。二是眼光向外,探寻徽州民俗体育与外部社会经济、社会组织、社会文化之间的关系,以民俗体育来透视徽州地方社会,以徽州社会来观照民俗体育的本体和文化意义。三是在研究的基础上,探讨徽州民俗体育发展的终极意义和路向。需求是民俗体育传承的主要动力之源,在结合当地村落民众的物质需求、精神需求和对徽州民俗体育文化本真的维护基础上探讨徽州民俗体育的未来发展。

三、创新之处

一是在充分吸收原有相关研究成果的基础上,通过实地收集资料,对徽州民俗体育做出更全面、系统、深入的挖掘与整理。

二是借鉴民族学、民俗学、文化学、人类学、宗教学和教育学等多学科理论与方法对徽州民俗体育进行跨学科综合研究,在方法论上为我国民俗体育研究提供一些启示。

三是既注重对散落在历史书籍中和现存于民间的徽州民俗体育事项的挖掘与整理,又着眼于当前的有效开发、传承与未来的发展。

第三节 相关研究回顾与概念界定

一、相关研究回顾与评述

(一)理论研究

在民俗学研究领域中,最早真正意义上涉及民俗体育的研究发端于20世纪20年代。1923年,北京大学成立民俗学机构,率先开展民俗学学术研究,并对全国的民俗展开调查,调查的范围包括三大类,即环境、思想和习惯,其中,"习惯"类风俗中包含了"杂技、打拳、看相、算命"等专项。显然,学界将民俗体育作为民俗来进行研究,民俗体育虽然没有被明确提出,却开了我国民俗体育研究的先河,使我国民俗体育研究首次在民俗学研究中占有一席之地,这对我国此后民俗学研究影响深远。20世纪30年代,学者娄子匡在广东中山大学的《民俗周刊》上发起了我国民俗学的新一轮讨论,指出民俗可分为社会制度、生活仪式、职业与实业、游戏与运动等诸项。至此,游戏与运动已作为民俗学的一个重要类型出现,凸显了民俗体育在民俗学中的独特地位和价值。20世纪80年代至今,我国民俗学得到前所未有的繁荣和发展,各种学术著作层出不穷,民俗体育的研究在深度和广度上不断拓展。如张紫晨在《中国民俗和民俗学》中将"游艺、游戏、体育"等内容作为民间技艺民俗专门进行论述;乌丙安在《中国民俗学》中将民间舞蹈和体育民俗归为"游艺民俗",并指出民俗体育的内容包括赛马、摔跤、斗鸡、象棋、赛力游戏、踢毽子、荡秋千、放风筝,等等。以上著述与研究足以说明我国民俗体育在民俗学的应有地位和研究价值,为后期我国民俗体育的研究奠定了基础。但在这一阶段民俗体育只是作为民俗学中的一个内容进行研究,终究没能形成民俗体育自身具有的逻辑性、系统性和客观性的事实,没有自己的研究对象和具体的研究领域。受民俗这一上位概念的局限,自然不能形成民俗体育自身的理论体系。正因为如此,在民俗学中至今仍少见对民俗体育概念的界定,造成了上述诸多民俗学论著中民俗体育内容与其研究对象的分野。

近二十年,在体育学研究领域中,我国民俗体育研究上升到理论层面,很多理论成果集中于这一时期。这些成果的研究焦点主要集中在"民俗体育概念的探讨","民俗体育价值、特征与功能研究","民俗体育的分类","城镇化进程中民俗体育的变化","对建立民俗体育学科的建议"以及"民俗体育的发展"等方面。

我国对民俗体育概念的界定还尚未达成共识,存在着诸多分歧。我国《体育科学大辞典》将民俗体育界定为在民间民俗文化以及民间生活方式中流传的体育形式,是顺应和满足人们多种需要而产生和发展起来的文化形态。从民俗的本质属性及表现形式出发,盛琦等在《中国体育风俗》中指出,体育民俗即是民间广泛流传的体育活动中的风尚习俗事象,这种事象包括人们活动方式方法、思想情感、语言和物质条件以及环境等。张鲁雅在《论民间体育的内涵外延与作用》中认为,民俗体育是民俗活动中的体育。余万予等在《对中华民俗体育的初步研究》中认为,民俗体育是在民俗活动中产生,依赖民俗节日发展,并在一定时空范围流传的与健身、娱乐、竞技、表演有关的活动形式。谢军等在《闽台民俗体育文化的渊源及其在两岸关系中的作用》中认为,民俗体育是指人民群众(民间庶民百姓)在社会生活中世代传承、相沿成习的体育生活模式,它是一个社会群体在体育语言、行为、心理上的集体习惯。涂传飞在《民间体育、传统体育、民俗体育、民族体育概念再深讨》中认为,民俗体育是为一定民众所传承和享用的一种具有普遍模式的生活化、仪式化的传统体育文化体,它既是一种生活文化,也是一种体育文化。显然,不同学者对民俗体育概念的界定是不统一的,而产生分歧的焦点表现在对民俗概念的理解上,即民俗、民族与体育之间有着何种内在关联。

对民俗体育价值与功能的研究是丰富民俗传统体育学科基础理论的一项内容,同时对弘扬民俗文化等方面有着重要意义。对此,诸多学者从不同的角度进行了深入探讨。如官钟威等从文化的内涵上对民俗体育的特征和价值进行分析,他们在《论民俗体育文化》中指出,民俗体育具有自娱和构建和谐社会、承载优秀文化传统、培养认同感和弘扬中华民族精神的功能,具有文化团结性、天人合一性、区域民族性、心意情感性、表演趣味性、民间规约性、继承与变异性、广泛的普及性等特征。也有的是就某一项目进行研究,如有学者采用从个案到一般的思路阐述了地域民俗体育文化特征:涂传飞等在《对民俗体育特征的研究》中指出,民俗体育的内部特征是竞技性、娱乐性、依附性、民族差异性和全人类共通性,外部特征则是历史性、地域性、传承性、变异性和观赏性;罗锡文、龙佩林在《传统节日成为法定假日背景下舞龙运动发展探析》中指出,舞龙是我国优秀传统精神文化的载体,舞龙文化的内涵可以激发现代人的民族精神,舞龙运动的美可满足人们的运动观赏需求,舞龙运动具有良好的健身价值、舞龙运动强烈的趣味性符合人们的娱乐要求。也有学者从民俗体育的外在功用视角对其功能进行研究,认为民俗体育除了具有强身健体的功能以外,还有亲和功能、审美功能和经济功能。还有学者站在哲学的高度,以民俗体育文化价值演进为切入点,研究其演进规律。如刘旻航等在《民俗体育文化价值演进规律研究》中指出,民俗体育的本体存在是其演进基础,文化价值认知是其演进根本动力,同时指出了民俗体育文化价值演进的两种主要模式,即主线复合式和价值对流式演进模式,并在此基础上进一步揭示了民俗体育价值演进原则。

在民俗体育的分类上也存在着不同的见解。有学者依据民俗学的分类方法对其进行分类。如王俊奇在《关于民俗体育的概念与研究存在的问题——兼论建立民俗体育学科的必要性》中认为,民俗体育学的研究范围应是人类社会中从生产到生活,从物质到精神,从心理到口头再到行为,所有形成习俗惯例世代传承的体育事象,都在研究之列,并指出民俗体育包括经济的民俗体育、社会的民俗体育、信仰的民俗体育、游艺的民俗体育、竞技的民俗体育。也有学者从文化学的角度对民俗体育进行分类,如将我国民俗体育划分为物质类体育民俗、社会类体育民俗、口传语言类体育民俗、精神类体育民俗等四大类。我国民俗体育的分类虽存在分歧,但这无疑对进一步认识和整理民俗体育有着积极的意义。

随着社会进步和科学发展,我国民俗体育研究的成果在不断丰富,认识的深度和广度也在深化和拓展。与此同时,人文社会科学中的理论、研究方法和范式不断向民俗传统领域渗透和移植,与我国民俗体育联姻的学科也纷纷涌现,建立民俗体育学科的条件基本具备,不少学者就建立民俗体育学科体系纷纷建言献策。有学者认为民俗学和体育学的理论交叉互融为民俗体育学的产生提供了依据,如柯玲和邵荣在《中国民俗体育学探略》一文中对此观点作了具体阐述。正因为体育与民俗之间的内在逻辑联系给民俗体育学的诞生提供了丰富的客观依据,使民俗体育学成为两个学科的共同需要。民俗体育学正是要从纷繁复杂的团块中分析传统体育生长、繁荣的民俗根基,思考现代体育发展的民俗趋向以及中华体育的立身之本。对此,王俊奇提出建立民俗体育学科的路还很长,需要克服以下几个障碍:一是廓清民俗体育的概念,这是能否建立民俗体育学框架的理论基础;二是明确研究对象和研究任务。他提出民俗体育就是民间体育,民俗体育学研究的重点是民间民俗体育文化。

近年来,对民俗体育发展规律的研究,积累了丰富的成果。这类理论研究主要是以个案考察的方式探讨影响我国民俗体育发展的外部因素和变迁规律。诸多研究主要以城镇化,社会的经济、文化等外部因素为视角,指出民俗体育的发展趋势、城镇化进程、社会经济的快速发展、文化环境的变革导致人们对民俗体育的需求发生改变,而民俗体育的发展要适应这些外部环境的变化,以满足现代人的体育文化需求;并在此基础上,提出未来民俗体育的发展应改变其自身结构,发挥其应有的功能,走综合化的发展道路。

(二)应用研究

近年来,对民俗体育的应用研究取得一定的进展,归纳起来,主要集中于民间项目的挖掘和整理研究及其经济意义上的产业化开发研究。

挖掘和整理民俗体育项目是抢救、保护、传承和发展民俗体育的起点。从20世纪80年代以来,在弘扬民族文化的历史背景下,我国体育工作者对现存和已经流失的包括民俗体育项目在内的传统体育进行了全面的挖掘和整理,并分别编写成教材或专著,广泛应用于大众体育健身和学校体育教育中,为弘扬民俗文化和传承民俗体育起到了不可估量的作用。如《中国大百科全书·体育》(中国大百科全书出版社1982年版)、《民族体育集锦》(人民体育出版社1985年版)、《民族体育集锦》(四川民族出版社1989年版)、《中华民族传统体育志》(广西民族出版社1990年版)相继出版发行。

有学者从中国传统节日文化的视角对民俗体育加以考察分析,并就节日中对人们生活产生重要影响的民俗体育活动进行了分门别类的记述。也有学者从现代化的视野来探讨民俗体育的保护问题,如陈永辉建议用数字化处理与编目方式来保护与传承,等等。在现阶段,民俗体育作为我国非物质文化遗产资源已经得到了应有的重视,学界从非物质文化遗产的角度对民俗体育的确认、立档、保存展开热议,但有关如何进行"合理利用"的研究主要集中在文化产业层面。随着社会经济的快速发展,民俗体育文化背后所隐藏的经济效益为多数学者关注,其研究呈现出与经济发展相关联的趋势,对此,学者们纷纷建言献策,以期推动我国民俗体育的可持续发展。

这些策略主要体现在以下几个方面:一是将民俗体育作为一种文化资源结合当地的旅游加以开发。如王俊奇认为,赣皖边区舞龙等节庆类民俗体育内涵丰富,有很强的观赏价值,赣皖边区又是以黄山、景德镇等为核心的旅游目的地,民俗体育的发展应抓好这一机会,在各个旅游景点增设民俗体育项目,使其为当地经济服务①。高松山等以洛阳民俗体育在洛阳旅游资源开发中的价值为切入点,提出对洛阳民俗体育文化的收集、整理与保护,开发民俗体育旅游产业,积极开拓投资渠道,加强民俗体育旅游人才的培养和引进,促进洛阳民俗体育旅游可持续发展②。

二是将我国民俗体育视作一种教育资源进行课程开发,将其编入教材使用于学校教育中。当前多数学者认为民俗体育课程资源的开发,既符合体育课程资源多元化的需求,又能拓宽民俗体育的发展空间,扩大传承主体。如有学者在对福建省中学民俗体育课程资源现状进行调查整理的基础上,结合实际条件,对其开发目标、面临的问题进行分析,进一步提出福建省中学民俗体育课程应用对策③。

目前在徽州民俗体育的相关研究中,成果较少且研究相对分散。如何根海先生曾对流行于皖南的傩舞文化进行了研究,复旦大学历史地理研究中心的王振忠对少林武术与徽商及明清以还的徽州社会进行过比较深入的研究,马飞、段宝林的对徽州民间诸如跳钟馗、舞龙、叠罗汉、嬉鱼灯、蚌壳舞等体育活动进行过实地考察和研究等。

(三)相关研究不足与研究取向

现有的研究成果,对本课题的研究具有重要的参考价值,但仍然缺乏系统性。其不足之处主要表现在以下几个方面。

一是理论研究相对薄弱,研究深度有待挖掘。文献分析表明,已有研究取得了较丰硕的成果,然而,基础理论研究成果居多,应用研究较少,两类研究呈现失衡状态。从理论研究的角度看,就目前来说,我国民俗体育研究领域还没有形成系统的理论体系,民俗体育的概念与原理还没能统一,更没有权威性的界定。究其原因,可能是缺乏重要基础学科的支撑。例如,民俗学、社会学、人类学、文化学、哲学、系统科学等基础学科的理论与方法没能有效地与民俗体育进行交叉融合,从现有的相关研究成果来看,诸多学者对民俗体育的研究主要是借用一些原始资源、素材、现象进行表面化的描述,而从历史的视角追本溯源,探究我国民俗体育"必然变化"

① 王俊奇:《江西民俗体育文化》,江西人民出版社2008年版,第101-104页。

② 高松山、云林森、张文普:《洛阳文化中民间民俗体育的开发与利用》,《体育文化导刊》2007年第10期。

③ 李红梅:《福建省中学民俗体育课程资源现状与开发研究》,福建师范大学2006年硕士论文。

的理论研究显得相对薄弱,很少有人从民俗学和人类学的理论与视角进行深度分析和探究。这就导致民俗体育文化发展的基本规律与本质特征很难被发现,从而制约了民俗体育理论研究的进一步深化与拓展。因此,必须要从民俗学、文化学和人类学视角研究民俗体育的发展与规律,从文化人类学视角对民俗体育深层的物质文化、制度文化与精神文化进行剖析,研究我国民俗体育在人类体育中的共同文化要素,借用相关学科理论与方法来研究民俗体育的形成和发展规律。同时探讨民俗体育的共性和个性规律,综合运用相关学科的知识和方法来进行跨学科综合研究,为民俗体育学科的建立打好理论基础。

二是应用研究立足于描述和思辨,价值放大与运用略显不足。我国文化资源极其丰富,不同地域所表现的民俗各异,不同地域形成的民俗体育也不尽相同。因此,需要具体地对民俗体育加以考察和研究,要从具体的特殊性中把握它的一般共性。这不仅对深入了解我国民俗体育遗产有重要的意义,对我国民俗体育的未来创新和发展也有重要的借鉴价值。随着社会历史的发展,这些民俗体育文化资源正处在发展的危机之中,甚至有些民俗体育在社会发展中逐渐消失。因此,加强对我国民俗体育的应用研究是十分必要的。从目前的研究成果来看,主要集中在民俗体育事象的静态描述上,这使得民俗体育与社会、个体需求之间相去甚远。如民俗体育在全民健身中的作用、在和谐社会构建中的价值等议题都没有得到有价值的研究。这些不足制约了我国民俗体育文化的感召力和影响力的提升,使民俗体育的研究失去了重要的学术增长点,也限制了民俗体育应用研究范围的拓宽。

三是理论研究与应用研究之间存在相互脱节现象。从学理角度而言,理论研究的目的是获得普遍原理,发展学科理论,积累的成果为解决实际中的问题提供导向。从长远眼光来看,应用研究能在解决实际问题时将理论付诸行动,并在实际中检验其可行性,同时在实际中发现问题为理论提供课题。无论是对体育学科的发展还是对民俗学科而言,民俗体育的理论与应用研究都是不可或缺的。但从以上两类研究成果的比较来看,理论成果多于应用成果,而且两者之间的联系还存在脱节现象。造成这种局面与我们对民俗体育发展中出现的问题认识不足有关。

纵观我国民俗体育研究成果，其成绩是肯定的，问题也是显而易见的。针对现有研究中存在的问题与不足，未来的研究应从以下几个方面加以拓展和深化。

技术层面上的规范和理论层面上的科学认识是体育学科成熟的基本标志，这也是民俗体育学建设的取向。作为有着独特研究对象的民俗体育研究在技术层面上必然要凸显其民俗文化上的鲜明个性，在理论层面上要体现现代体育文化发展理念与规律。毋庸置疑，对此研究可以遵循个别到一般的原则，通过一个典型的案例来进行剖析。从宏观方面而言，当前和未来一段时间内我国民俗体育研究的重点应集中在以下几个方面：一是对民俗体育的概念进行再认定；二是对民俗体育的价值进行放大和运用，从更深层次、更多角度提升我国的国家文化软实力，为全民健身和建设和谐社会服务；三是在研究方法上借鉴和完善人类社会学的研究方法，进行跨学科综合研究；四是进一步研究社会发展与民俗体育演进之间的逻辑关系，把握民俗体育的发展规律；五是对我国民俗体育传承与发展的路径进行深入探讨。

现阶段，徽州民俗体育的传承现状不容乐观，大多项目已到了消亡的边缘，有些极具地方特色的项目已经失传，对此进行挖掘、整理与发扬刻不容缓。鉴于徽州文化底蕴的深厚及其影响力，对徽州文化活态载体的民俗体育进行研究也就不能只停留在技术、技艺层面上，还应关注其文化内涵、价值功能和文化特质，整体把握徽州民俗体育在空间和时间上的传播方式，既注重过去和现在，又着眼于未来的传承与发展。积极探寻社会文化生态要素与徽州民俗体育发展的和谐共生关系，细致研究徽州民俗体育与社会、经济、文化发展之间的互动关系，深入探讨契合社会发展和个体需求的现代背景下徽州民俗体育的发展路径。

徽州民俗体育是一种内涵丰富的文化资源，加强其与文化学的交叉研究，不仅可以着力研究徽州民俗体育文化意义，深入挖掘徽州民俗体育文化内涵，充分发挥它在建设和谐社会、全民健身和先进文化中的作用和功能，同时也既符合我国当前和未来人民情感的需要，又能够起到振奋民族精神、增强民族凝聚力的重要作用。另外，结合黄山旅游的拳头优势，可以进一步加强徽州民俗体育文化产业开发的实践研究。

二、概念界定

（一）"民俗"的再认识

"民俗"一词肇始于英国，最初的含义是指民间的知识和智慧。其在欧洲文艺复兴运动中逐渐形成民俗学科，并走上了独立的发展道路。在我国，民俗一词的出现由来已久。如《礼记·缁衣》中有"故君民者，章好以示民俗"，《汉书·董仲舒传》中有"变民风，化民俗"，等等。据学者考察，将民俗作为学科概念加以考察和研究发端于20世纪20年代，此后其在学术界得到承认和广泛使用。我国民俗学是以民间大众创造并世代相承下来的对大众的现实生活有着深远影响的深层文化事象为研究对象，这些对象具有不同类型和层次。时至今日，我国民俗学界对民俗的概念仍有着这样或那样的不同表述，其概念争论和思想交锋时有发生，但学界普遍认同：民俗即民间风俗[1]。故此，要把握民俗的本质属性与范围，就应对"民间"与"风俗"加以认真探讨。

"民间"一词，显然是对风俗起限定作用，限定了风俗的主体和空间范围。"民间"一词的表述和界定在学术界也有着不同的争论，大体而言，对其认识经历了从"陋民""乡民"到"社会群体人"的学术演化过程，其总体趋势是"民"的范围在不断拓展。例如，20世纪初，英国民俗学家班妮主张民间即为"野蛮的"和"文明较低的"人们之间，我国现代民俗学者乌丙安先生将民间范围界定在社会中下层民众，钟敬文先生在《民俗学概论》中从民族视角上，认为民间即是人民大众之间，等等。在研读民俗学时发现，无论是国外还是国内的民间之"民"的范围总体上是随着时代的发展而不断扩大的。正如高丙中将"民"视为日常生活与日常文化的任何社会群体，他合理地扩大了民俗学范围，并为民俗学理论的统一性作了完整阐述[2]。民间范围的合理扩大意味着民间具有明显的大众性和群体性特征。然而，民间只是确定了民俗主体和空间范围，要把握民俗究竟是什么，还要对民俗的本质——风俗加以分析。

---

① 钟敬文：《民俗学概论》，上海文艺出版社1998年版，第1页。

② 高丙中：《民俗模式：民俗研究的操作单位及其属性》，《北京师范大学学报》（社会科学版）1994年第4期。

按照我国现代民俗学流行的观点，风俗一词指群众在社会生活中世代传承、相沿成习的生活模式，它是一个社会群体在语言、行为和心理上的集体习惯①。从风俗概念中不难发现民俗的三个本体属性（或特征），即民俗的集体性、社会生活性和历史传承性。人是社会文化的产儿，这正如马克思所说的人的本质属性是社会性一样，民俗文化是人类群体积累的成果，它是先辈们一代又一代集体不断创造、加工和传承的结果，是民间社会生活中反复出现的深层次的文化事象，是与特定历史时期人们的社会生活紧密相连的。它来源于生活，又为生活服务，它在历史的长河中不断丰富着人类社会生活和自身的文化结构。由此，民俗的本真即民间集体的、传承的、类型的（模式化）、约定俗成的生活文化。

（二）民俗体育

概念的界定是学科研究的基础和基石。按照目前学界认可的观点：事物的概念是由事物的"属概念"加"种差"构成的。"属概念"指的是事物的本质，本质决定了该事物是什么，而不是他物；"种差"指的是该事物的本质属性，是该事物所具备的必不可少的特征。因此，对民俗体育作界定，需要从民俗体育的"属概念"和"种差"两者入手，认清其本质和本质属性。

近年来，诸多学者从体育视角或民俗视角对民俗体育进行定义，各种观念相互碰撞，这既拓宽了我们的认识视野，又为民俗体育研究带来一片生机。然而，诸多研究缺乏对民俗体育本质和本质属性的深入分析，造成民俗体育研究领域受到掣肘，甚至形成了"民族体育""民间体育"与"传统体育"等相似概念的混淆，也造成了研究对象分野或模糊不清等状况。

民俗体育是在地方社会发展过程中形成和发展起来的一种民俗文化事象，它的形成和演变与社会生产方式、生活方式、民风民俗及信仰体系等密切相关，因而对其本质属性进行准确的、全面的总结与归纳是比较困难的，对民俗体育本质属性的确定要从以下几个方面来加以探讨。

民俗体育总是依附于特定的民俗文化母体之中，尽管民俗体育会随着社会的发展变迁而发生演变，但它始终不能脱离特定民俗而独立存在。从本质上来说，民俗体育的本质属性在于民俗的本质属性。此外，民俗体育应具有以下几个属性：第一，民俗体育是一项集体性的体育活动，它存在于群

---

① 钟敬文：《民俗学概论》，上海文艺出版社1998年版，第3页。

体之中,是一个地区生活共同体所具有的共同生活习惯和精神观念,民间大众既是民俗体育的创造者又是享用者;第二,民俗体育是一项传统性的体育活动,从时间上看是不断延续的文化,一经形成就会相沿成习、不断传承下来;第三,民俗体育是一项模式化的体育活动,民俗体育的开展一般都是按照固定的模式进行的,有着一套程序化的内容结构;第四,民俗体育是一项生活性的体育活动,它依附于民众的日常生活和节日习惯中,并被人们自觉遵守,成为生活的组成部分。由此,具备这四个基本属性的体育活动才是民俗体育。

民俗体育说到底是体育的一种形态,是体育总体的一个部分,民俗体育所具备的民俗属性反映其概念的本质属性,民俗所具备的几个基本属性民俗体育也应具有。"民间体育""民族体育""传统体育"也是体育活动。基于此,我们将民俗体育定义为:民俗体育是为广大民间大众集体创造和传承的并约定俗成的具有普遍模式的体育生活文化。

民俗体育具有空间性,这是不同地域民俗体育存在差异和特色的根本原因。"徽州"既是相对封闭的地理单元,也是文化名词。徽州的民俗内容与形式丰富,且地域性特征十分显著,它既是徽州历史文化传统的一种显现,也是徽州民间大众物质与精神生活的一个重要组成。总的来说,徽州民俗具有民俗的上述基本属性,同时又有着自身的特色。换言之,只有符合徽州地方特色的民俗体育才是徽州民俗体育。因此,徽州民俗体育是为广大民间大众集体创造和传承的具有徽州地方特色的并约定俗成的具有普遍模式的体育生活文化。

近些年来,体育界在"民间体育""民俗体育"和"民族体育"(简称"三民体育")的概念和判定上出现交叉或混同的现象,给理论研究带来困惑。为便于本课题在后续研究中出现的徽州民俗体育项目的判定、归类与理解,在此要特别对容易引起混淆的所谓"三民体育"的差别与联系给出我们的见解和说明。"三民体育"都具有传统性特征,都应归入"传统体育"的范围,都属于传统体育的重要内容。民间体育是相对官方体育而言的,因此,凡是存在于民间大众中的体育均是民间体育,显然民间体育的范围比民俗体育的范围要广。民族是相对世界而言的,民族体育即承载着稳定的共同的心理素质的体育文化。三者的不同就在于其特征(本质属性)的不同,但三者也有交集或交叉。因为徽州武术产生于徽州民间,为民间大众创造和享用,承载着徽州人强烈的家族认同意识,有着稳定的文化心理,反映了徽州家族共同体所具有的生活习惯。显然,徽州武术具备了"三民体育"所具有的共同的属性或特征。

第二章　徽州民俗体育的形成与演进

地域文化的形成主要受两大因素影响,一是自然环境,二是社会人文传统,这两大因素深深影响了中国地域文化的形成与发展。"古今沿革,有时代性;山川浑厚,有民族性"①,黄宾虹先生一语道破了地域文化形成的个中三昧。徽州民俗体育的形成与发展离不开时空坐标,其形成同样与徽州自然环境、人文传统之间有着内在的逻辑关联。因此,必须从徽州地域自然条件和文化要素中探索徽州民俗体育,总结其形成的动因和演进轨迹,从而为进一步探索其文化本真及特质提供理论基础。

第一节　徽州民俗体育形成的自然条件与文化背景

研究徽州民俗体育的形成,必须将其放到当时特定的历史情境和文化习俗中加以考察。因为这是构成民俗体育动态演进的重要语境,并影响和制约着徽州民俗体育的内容、规模及类型。因此,有必要对徽州的地理环境作简要介绍。在这里,"徽州"不仅是地理学的空间概念,还广涉徽州历史和徽州区域文化学的命题。

作为徽州地域文化组成部分的民俗体育,实际上是一门关于徽州文化组合的人文科学,研究徽州民俗体育的形成,从某种意义上说,是在探讨徽州地域文化的自然背景、文化特质和人的行为系统。

历史上的徽州这片地域,其行政归属在发展过程中多有变化,至唐代大历四年(769)形成了一府六县的格局,直至清代末期保持未变。因而,徽州是一个具有稳定性和相对完整性的文化地理单元。中华人民共和国成立以后,徽州一府六县的行政格局已发生变化。根据民俗文化传承的特点和徽

① (转引)高寿仙:《徽州文化》,辽宁教育出版社1995年版,《编者札记》第5页。

学约定俗成的划分,本课题所讨论的徽州范围大体上是指清末以前(1911)徽州府及其所管辖的歙县、黟县、休宁、婺源、祁门和绩溪六县。

一、独特的徽州自然条件

徽州主体部分位于现安徽省南部,地处皖、浙、赣三省结合部,东邻浙江,南邻江西,西依长江,是个"七山一水一分田,一分道路和庄园"的山区,处在黄山、天目山、大鄣山、白际山和五龙山等包围之中;徽州还包括白际山、五龙山以南的婺源县。徽州辖区较为稳定,土地总面积为12 548平方千米,各县的面积如表1所示。徽州有扬之水、率水、横江、丰乐河、练江、新安江,整个水系下汇富春江、钱塘江入东海;又有阊江、婺江水系南流西注鄱阳湖入长江。

表1　徽州各县面积①

县名	歙县	休宁	黟县	婺源	祁门	绩溪	合计
面积 (平方千米)	2 806	2 339	847	3 173	2 257	1 126	12 548

对徽州自然环境的描述中,徽州各地方志中的记载最为详实。"徽之州在万山中,视他郡最高。昔人测之,谓与天目齐,浙江之源发焉。东涉浙江,其滩之险有三百六十;西通彭蠡,其滩之险有八十四,其岭之危有五;南界马金、白际之高,北依黄山、嶂岭之秀。"②吴日法在《徽商便览》中也曾生动地对徽州做过这样的描述:吾徽居万山环绕中,川谷崎岖,峰峦掩映,山多地少。顾炎武言:"土田依原麓,田瘠确,所产至薄,独宜菽麦红虾籼,不宜稻粱。"③徽州属于亚热带边缘地带,受山地环境和气候的影响,土质大多较为贫瘠,不利于谷物生长,且"地隘斗绝在其中,厥土驿刚而不化。高山湍悍少潴蓄,地寡泽而易枯,十日不雨则仰天而呼。一骤雨过,山涨暴出,其粪壤之苗又荡然空矣"④。今天的"徽州地区的垦殖率与安徽、江西其他地区相比都是最低的,大多数地区都在10%以下"⑤。

---

① 高寿仙:《徽州文化》,辽宁教育出版社1995年版,第16页。

② 弘治《徽州府志》卷之一《地理一·形胜》。

③ 顾炎武:《天下郡国利病书(二)》,黄珅等校点,上海古籍出版社2012年版,第1024页。

④ 嘉靖《徽州府志》卷二之三《风俗志》。

⑤ 高寿仙:《徽州文化》,辽宁教育出版社1995年版,第12页。

徽州多山和人地矛盾较为突出的自然环境,为民俗体育的形成和发展提供了特定的物质基础与发展天地,同时这一独特的环境又制约着徽州民俗体育的内在特质,使其表现出典型的林农文化特点和风格。自唐代以后,徽州人地矛盾日渐突出,在如此严峻的自然环境中,传统农业社会中的徽州人祈求谷物丰收的愿望较他乡更为强烈,以企盼风调雨顺为内涵的民俗体育活动的出现是自然而然的现象,也是生产力不发达阶段人们顺应自然的结果。如歙县大多数地方在每年立春时,皆要举行舞草龙的民俗活动,届时,在田头要进行烧香燃爆竹、祈祷仪式,企盼当年谷物丰收,盼望农业丰收的愿望在徽州民俗体育活动中表现得极为突出。由此可见,徽州山多地瘠的环境为民俗体育的形成提供了物质基础。

徽州虽不宜稻粱,却是林业的生产基地,在诸多资源中,以林茶之富最为有名。一方水土养一方人,徽州人靠山吃山,将丰富的林茶资源转化成商品对外输出,从而获得经济收入。据古籍载:祁门县"山多而田少,水清而地沃,山且植茗,高下无遗土。千里之内,业于茶者七八矣"[①]。其丰富的资源为民俗体育的形成提供了物质条件。这一物质条件表现在两个方面,一是民俗体育活动的器具主要来源于竹或木,有着典型的农林特征;二是民俗体育的活动形式来源于农林特色的生产劳动。如徽州本地的采茶扑蝶舞和板凳龙活动凸显了徽州山区丰富的茶、竹木资源和农业为主的地域特色。采茶扑蝶舞主要是徽州人采茶劳动情境的再现,活动时,由12人组成方队,边舞边模仿着采茶活动,动作娴熟优美。可见,这一活动是从采茶劳动形式中提炼而来,形成民俗体育的。板凳龙在徽州的形成并非偶然,它是受自然资源影响而形成的结果。板凳龙是由板凳拼接而成,板与板之间穿上销棒组成龙身,龙头是用竹片扎制而成,内点蜡烛。从制作过程来看,徽州丰富的竹木资源为民俗体育的形成提供了物质来源。

由此可见,徽州自然环境对民俗体育的运动形式、使用器材等影响很大,它为徽州民俗体育的形成提供了物质前提。当然,作为民俗文化的特殊形式,徽州民俗体育的形成与地方人文环境也有着密切的联系。

徽州人正是在上述自然环境中繁衍生息,并在历史的发展长河中创造出灿烂的徽州文明,形成了独具特色的文化习俗传统。这片土地孕育了称

---

① 祁门县地方编纂委员会办公室:《祁门县志》卷六,安徽人民出版社1990年版,第171页。

雄商界三百载的徽商,创造出"无徽不成镇"的商业佳话;造就了新安理学、新安医学、徽州画派等独具体系的徽州文化;培养了陶行知、戴震、胡适、黄宾虹等人物。徽州以文化之盛、商贾之多而闻名海内,素有"东南邹鲁"之美誉。如此辉煌的成就是徽州人在历史发展过程中的集体创造,是徽州文化、经济等人文环境共同作用的结果。

就自然环境来说,我国很多地域都具备与徽州相似的自然条件,却没能形成与徽州民俗体育相同的文化样式和特质,这与地域文化习俗传统之间的差别有着内在的联系。总体而言,徽州的民俗体育丰富多元且纷繁复杂,它的文化内涵与特质无不折射出徽州传统文化元素,显现的是徽州历史文化传统。因此,探讨徽州民俗体育的形成,除了考察徽州的自然地理条件以外,还要考察徽州的区域传统习俗文化。

二、深厚的徽州宗族传统

徽州是以血缘关系为纽带、以宗族组织为社会结构基础而形成的区域社会,具有典型的宗族文化特色。一村一族、一族一祠、聚族而居是其普遍风俗。自唐代战乱,中原世家为躲避战乱大量迁徙至徽州后,徽州的宗族组织在历史的舞台上长盛不衰,直到近代仍然保持着"千家之家,不动一抔;千丁之族,未尝散处;千载之谱系,丝毫不紊"[①]。与他方相比,徽州的宗族制度最为严密,其势力也最为强大,时至今日,仍可感受到这种遗风余韵。

在徽州以宗族制为结构的网络社会生活中,族内的生产生活等活动都围绕着维持社会既有秩序和社会稳定而展开。徽州的各种会社担负着日常生活的组织和管理任务,发挥着包括教化、娱乐、祭祀等在内的自我管理和服务功能。

宗族即家庭的集合体,继承了共同祖先的血统,因此,对祖先的祭奠和崇拜构成宗族生活的重要内容,而祭祀活动在其宗族生活中表现得极为突出,徽俗"重社祭,里团结为会,社之日,击鼓迎神,祭而舞以乐之"[②]。宗族组织为发挥其教化和娱乐的功能,使民俗体育在各种迎神赛会中逐渐形成并日渐丰富。

---

① 赵吉士:《寄园寄所寄》卷十一《泛叶寄·古老杂记》,周晓光、刘道胜点校,黄山书社2008年版,第872页。
② 民国《婺源县志》卷四《疆域志七·风俗》。

如绩溪县的民众在每年的上元日,各种灯会活动尤为精彩:"各处社土坛、神庙张纸灯或演剧,或扮童戏,驰火马,舞青狮,游烛龙,遍巡衢巷,名曰'闹元宵'。"①诸如此类的民俗体育事象在徽州宗族社会生活中不胜枚举。此类活动的形成是适应徽州宗族社会生活需求的结果,在活动中既发挥了祭祀祖先的娱神功能,又起到了娱己的效果,并发挥着族内教化作用。

三、浓郁的徽州信仰心理

信仰是一种精神理念,是指对某人或某种主张、主义、思想、宗教极度相信和崇拜,并以此作为榜样和指南的一种精神文化现象。信仰习俗一经产生,就会通过习惯的方式为大家所接收和传承,并对群体的思想、观念和行为产生强大的约束力。徽州的民间信仰繁杂多样,是徽州大众内心世界深层次的精神反映。徽州的民间信仰与他域的宗教信仰有着根本的区别,徽州的民间信仰有着极强的世俗性,关注的是当下的实际生活,而宗教信仰多数关注的是来世回报。

正是徽州信仰中存在着世俗的功利性特征,使徽州民间的信仰心理出现泛化现象,造成多神信仰在民间普遍存在。这些多神信仰有着极强的渗透性,从衣食住行到社会的方方面面无不带有神灵信仰的元素。徽州山多地少的严峻自然环境造成徽州人对土地神的信仰广泛存在,因此,每一村或每一地段都建有土地庙。此外,对祖先的崇拜和对英雄的信仰等也被演绎得有声有色,这成为徽州信仰心理的主要内容。如徽州人将历史上的英雄人物汪华公、张巡、许远等神化,并建有专门庙宇顶礼膜拜。

徽州不少民间信仰心理是通过农事节日中各种仪式和活动来体现的,徽州诸多民俗体育活动的形成正是其民俗信仰心理表达的结果。如各地舞草龙的形成是源于民众对土地神的信仰,休宁县报赛之仪,一如春祈,每年二月二春祈之日通过舞草龙祭拜土地神企盼获得丰收,秋收之后,再次通过舞草龙来酬谢土地神;绩溪县在中秋日"少年以新稻草扎草龙,燃香遍插龙身,锣鼓喧天,……"②。

① 刘汝骥:《陶甓公牍》卷十二《法制科·绩溪风俗之习惯》,梁仁志校注,安徽师范大学出版社2018年版,第282页。

② 刘汝骥:《陶甓公牍》卷十二《法制科·绩溪风俗之习惯》,梁仁志校注,安徽师范大学出版社2018年版,第283页。

四、发达的徽州商业

徽州是个久负盛名的"十室九商""以货殖为恒产"的商贾之乡。徽州商业习俗兴起于晋代末期,兴盛于明清时期,开创了"无徽不成镇"的商业局面,取得了"商界鳌头"的辉煌成就。徽州文化因受发达的徽州商业的浸染而留下了深刻的烙印。徽商的经营范围十分广泛,至明代中叶,徽商的足迹已遍布苏杭等沿海一带。徽商变异不居的经营特点以及经营范围的进一步扩大,带动了各地民俗文化的交融和传播,使一些他域民俗体育传入徽州。此外,在旧时,经商的旅途中,危险无处不在,需要有武艺高强的人为其保驾护航,这也推动武术在徽州的兴盛与发展。富裕起来的徽商开始追求娱乐消遣,"搭台唱戏"成为徽州人娱乐消遣的传统方式。由于徽商休闲和经营的需要,武术中的险要动作与地方戏融合起来,既起到娱乐消遣的作用,又可通过交流来达到商业合作的目的。

徽州商业中的武术文化主要体现在徽商经营方式、手段及其市场环境中。徽州商业的经营方式主要有五种:一是走贩,二是囤积,三是开张,四是质剂,五是回易。在旧时治安相对紊乱的情况下,无论哪种商业经营方式都需要有会武人群来提供安全保障。徽州多山,跋山涉水贩运货物需要有强壮的体魄。不仅如此,在古代社会,商业路途中遭遇土匪和不测十分常见。为确保经商安全,商帮群体都将习武看成是经商的必要条件。某种程度而言,徽州商业的成功得益于徽州武术的保障。因此,徽州的商帮群体常常以玩石锁、举石担、摔跤、扳手劲等活动来锻炼身体或休闲娱乐,这渐成一种习惯和风俗。强宗大族还专门蓄养家班习武强身,不仅用于看家护院,更为其从商经营提供保障。徽商经营的地理范围由明代的江南一带发展至清代时遍及中国各地。徽州商业经营范围的不断扩大和经营方式的变化,极大地推进了徽州武术文化空间向外拓展。徽州山路崎岖,在这样的道路中贩运经营,其凶险随时都会存在。徽州商帮经常"宿店野行,所佩财帛,切宜谨密收藏。应用盘缠,少留在外。外出行商,不可不慎"[1],在山窝犷野,凶徒刁恶,三五成群,八九为党的群山旷野中,路遇不测、遭遇响马贼是常有之事。

---

[1] 王振忠:《少林武术与徽商及明清以还的徽州社会》文载朱万曙:《徽学》(第三卷),安徽大学出版社2004年版,第108页。

清代徽州商帮足迹几遍天下,经营范围遍布大江南北,甚至"穷乡僻壤、深山老林、沙漠海岛、人迹罕至的地方也都不乏他们的身影"[①]。因此,徽商长途贸易和经营区域的扩大和变异不居,使得镖师或武艺高强之人对行商有着十分重要的作用。

为徽商经营起着保驾护航作用的镖师或武艺高强之人来自三个方面:一是武科举中没能入仕的习武人员直接从贾,二是强宗大族专门蓄养的拳头庄,三是徽州发达的商业为徽商培养专门的镖师提供了可能。三方面的勇武之人分布在各个行业中,为行商与坐贾提供安全保护。明代徽州商人黄汴曾对徽商经营路线及其治安状况作过统计,并在《一统路程图记》中详尽描述了多条徽商经营路线及可能发生的车匪路霸。这些线路分布在江浙、江西、广东、扬州等南方地区,其中部分为水路。响马贼和盗贼是明清时代水路沿途商卖的顽症,由此可知,徽州行商的凶险随时存在。

此外,徽州的坐贾也经常受到地痞流氓的侵扰。在明清时期,各地流氓常生事端,无恶不作,徽商受无赖蚕食,稍稍徙避而镇遂衰落的现象并非个案。徽州商帮在此环境中习武防身以免受地痞流氓的侵害,这也是其经商的必备功课。徽州武术大家程宗猷的武功可谓冠绝武林,但他并没有走上仕途道路,而最终选择为家族经商服务,可见家族商业运营中对武功的重视和需要程度。

总而言之,徽州商业的成功离不开徽商经营的技巧和武术的保驾护航。在此过程中,造就了众多武术镖师和技击泰斗,也创造了独具特色的侠义文化。

第二节 徽州民俗体育的形成与演进

一、徽州民俗体育的形成

作为徽州社会实践形态的民俗体育,其形成是体育与民俗两种文化现象相互结合的必然结果。它在形成之初并非以独立的体育形态出现,而是作为一项身体活动融合在民俗民风中,民俗体育活动只是民俗活动的实践

---

① 王廷元、王世华:《徽商》,安徽人民出版社2005年版,第28页。

内容之一。民俗体育的形成过程非常复杂,不仅涉及民间信仰、宗族文化、地方风俗、徽州商业和民间艺术等人文传统,还与地方的自然环境有着密不可分的联系。因此,必须从社会共生的角度对徽州民俗体育的形成进行深入分析,才能发现其形成轨迹。

徽州民俗体育形式多样,内涵丰富,有些民俗体育的精神内涵呈现出交叉重合的特点。它在历史的演进中留下各个时代的文化印记,同时又融合了多种文化元素,形成了别具一格的徽州特色。因此,考察徽州民俗体育的形成,就要对徽州的体育活动和民俗状况进行探究,揭示其多元化的成因。徽州民俗体育具备徽州民俗文化的基本属性,在对其形成的自然条件和人文背景整理和分析的基础上,结合近些年学界对民间传统体育形成的推理逻辑,可以归纳总结出以下几个影响徽州民俗体育形成的要素。

(一)形成于徽州生产生活习俗

广义的生产生活包括人类战胜自然,发展自身的一切生产活动。早在史前社会的狩猎时期,徽州人在狩猎之前,模仿人获猎野兽的场景,寓意狩猎成功;狩猎后又载歌载舞,庆祝丰收。这些为生存而进行的身体活动成为徽州大量民俗体育项目得以萌发的源头。从20世纪80年代徽州考古发掘的旧、新石器时代文化遗址来看,徽州地区在此期间就已经出现民俗体育的萌芽。在歙县的下冯塘遗址中出土了大量的旧石器时期打制的石器、尖状器、刻镂器以及陶器等。考古发掘表明,早在生产力十分低下的石器时代就已经有徽州先民在这里聚落,并且形成了与生产劳动相关的体育习俗。这一习俗不仅表现在徽州先民将身体活动技能转化为固定的经验和模式传承上,还表现在物质生产劳动之余追求娱乐消遣的体育活动上。身体活动技能的形成和固化说明人的智力已经发展到一定阶段,其活动形式是体育的初始形态。因为当人类智力发展到有能力对事物进行抽象概括的阶段后,一些动作被固定下来,形成有一定层次和一定节奏的活动,而同本能活动区别开来[①]。而当这些被固化的身体活动被一代又一代传习时,就形成了今天的民俗体育。上述徽州出土的陶球文物即可证明石器时代徽州就已经存在娱乐性体育活动。如果说围绕生产劳动而形成的身体技能活动是体育的初级形态,那么陶球的出现则进一步说明徽州先民为寻求娱乐需求而创造了

---

① 董时恒、熊晓正:《体育探源》,《体育理论》1982年第2期。

娱乐性体育活动。随着徽州社会历史的发展与演进,先民或为搏斗、或为嬉戏、或为企盼风调雨顺、或为祈求得到神灵的庇护而设计了各种体育活动,并代代相承,形成风俗。如休宁的举石担、祁门县的采茶扑蝶舞等民俗体育都是在生产生活中形成的。这些民俗体育活动是徽州先民对自己所熟悉的林农生产劳动和生活场景的模拟和再现,是极富象征意义的娱乐活动,也渗透着徽州先民的审美体验。

(二)形成于徽州民间信仰习俗

没有运动自然没有体育,但是运动只有作用于社会才能转化为体育。徽州的各种民间信仰是徽州地方社会的精神产物,是徽州先民社会生活的重要内容,从客体或对象来看,徽州民俗体育的形成与地方的民间信仰、宗教等紧密相关。在生产力不发达的社会阶段,自然力是某种神秘的、异己的、超越一切的东西,在所有文明民族所经历的阶段中,他们用人格化的方法来同化自然力,正是这种人格化的欲望,创造了许多神。徽州民间信仰的形成显然并不游离于这个规律之外,徽州先民也是在此思维下创造出诸如土地神、龙王神、山神等神灵,对这些人格化的神灵渐因畏惧而生敬仰,于是歌颂其威灵,赞叹其功烈。正是人们对自然和社会生活中的现象缺乏科学和理性认识,"万物有灵""神灵崇拜"等就成了他们的世界观。由此,以祭祀娱神为目的的各种载歌载舞形式的体育活动渐渐产生,并不断发展。从某种意义上说,徽州民俗体育的形成大都与民间信仰活动有着密切的关系,是各种民间信仰孕育的结果。

以下三类民间信仰在民俗体育形成的过程中产生过直接影响。

一是对自然神灵的信仰极为普遍。徽州地处皖南、赣东北山区,多山的环境和木结构的房屋极易发生火灾,徽州人十分重视防火,并祭祀火神,希望其不要时常光临人间。徽州信仰和祭祀土地神的活动既热闹又隆重,徽州先民称土地神为福德之神,对土地神的信仰缘于祈祷风调雨顺和五谷丰登。徽州大多村庄都有社屋,每年春、秋二季祭祀土地神,这就是所谓的"春祈"和"秋报",即"接土地"。不仅如此,遍布徽州各地的土地庙也是供奉和祭祀土地老爷的重要场所。城隍神在徽州先民看来是能够明辨是非和兴云降雨的神灵,能起到祈雨的作用。徽州城隍庙每县皆有,每逢干旱严重或者新官上任之时,当地官民都要向城隍求助,以祈求天降甘露,并且保佑一方生灵平安无事。黟县民众每年二月和十月都要进行隆重的祭拜活动,届时"好事之徒扮演鬼卒,声状百出,甚或涂脂抹粉,巧装女鬼,彻夜街游"[①]。这类信仰对徽州民俗体育形成的影响主要表现在活动的项目上。在徽州人看来,龙有着降雨的功能,于是在这类神灵祭祀中出现各种舞龙活动,如板凳龙、舞草龙、舞火龙、舞烛龙等在徽州历史上极为盛行,并流传至今。

二是对祖先和历史英雄的崇拜有加。徽州是个宗族制社会,尊祖和敬宗是徽州的地方传统。各村落的祠堂以及祠堂内设有祖先的神灵牌位,是对祖先崇拜的物化表现。徽州系理学故里,儒风独茂之区。尤其在宋代以后,程朱理学对故乡徽州的影响极为深远。如果说徽州的宗法制是从制度上确定其社会结构,那么徽州理学的任务则是"管摄天下人心",是徽州人行动的思想指南。宗族制和程朱理学是徽州人做人做事的准则。在程朱理学影响熏陶下的徽州人,"读书穷理""明道正谊"成为共同的理想追求,同时有了对正义的追求和对民族英雄的崇拜。后来,人们赋予英雄人物以神性,将英雄神化。在对英雄神化的过程中,人们还对神灵人化,并赋予这些神灵以人性,从而完成神灵的人格化过程。徽州人信仰的英雄有着明确的对象,如守卫家乡的乡土神越国公汪华、忠壮公程灵洗,也有外乡的战神张巡、许远等。乡土神、外乡英雄和正义之士等都在徽州人的崇拜和信仰范围之内。徽州各地的神庙,每年定期举行各种迎神赛会,这是徽州人信仰和崇拜英雄人物并将其神化的直接反映。大刀舞是根据许远的大刀绝技演化而来的,其活动仪式极为隆重,双忠的信仰与崇拜,既是徽州人对战神等英雄的信仰与崇拜,也是对张姓和许姓的祖先神灵崇拜。这些反映了徽州信仰上的多重性和多源性。

三是民间其他类神灵信仰在徽州也较为普遍。为驱鬼避灾保平安,徽州人在各种庙会或节日期间常常举行各种民俗体育活动,如休宁县每年五月要跳钟馗,歙县每年元宵节要进行叠罗汉活动,等等。届时表演的叠罗汉串村游行,以示驱鬼避邪,为的是增强村民自身战胜邪恶鬼魅的勇气和信念。这类体育活动在形成初期带有迷信色彩,后随着社会变迁逐渐演化成娱乐性体育活动。

---

① 嘉庆《黟县志》卷三《地理志·风俗》。

（三）形成于徽州岁时节日习俗

传统岁时节日是传统民俗文化中最具典型意义的民俗事象。民俗体育是传统节日中不可或缺的重要内容，是不同类型节日文化表达的方式之一，同时它作为一种文化载体和模式对节日生活产生积极影响，也为节日文化传播提供诸多便利。传统节日的形成与历法、宗教、历史、民族心理等要素紧密相关。这些要素对节日民俗体育产生过积极影响和作用，它们之间有着千丝万缕的联系。

在徽州，从正月初一至大年除夕，几乎每月都有节日，这些节日的形成或缘于农业生产，或缘于宗教祭祀，或缘于娱乐庆贺，等等。但总的说来，这些节日中的民俗体育活动更多的是带有节庆狂欢的色彩与意蕴，即使带有宗教成分，但实际上也是一种既娱神又娱人的狂欢活动。明清时期，徽州节日中开展的民俗体育活动更是增添了喜庆娱乐和休闲性意蕴，活动内容丰富多彩。尤其是元宵节、春祈秋报、端午节、中秋节等节日中的庙会，成为人们演出和欣赏歌舞节目的好去处。

在中国传统社会，节日不仅是社会生产的重要节点，也对人们的生活和娱乐起着调节作用。在徽州民间，每逢节日或是闲暇时都要举办各类庙会或迎神赛会活动。明清时期，徽州武术出现在各类民俗活动中，发挥着娱乐大众、联络家族情感的功能，成为民众节日生活的重要内容之一。舞大刀是歙县许村最为有名的民俗活动，它集威武、壮观、神奇、惊险于一身。这些民俗活动为徽州人的节日生活增添了喜庆色彩。

徽州的民俗体育形成与岁时节日的结缘是一种必然。这种必然性主要体现在以下两个方面。一是实用需要。从起源角度而言，徽州传统节日的形成或多或少与宗教、农事生产、民间社群娱乐等有关联，而学界也公认民俗体育的起源与上述三者有关。因此，两者的结合应当是双方共同具备了娱神、娱人的功能所致。而徽州节日民俗体育的形成既有着与他方节日民俗体育形成的一般共性，又有着其特殊的个性。正如《陶甓公牍》所载："中元日：祀祖，荐新稻，罗列时馐，城隍神巡行县鄙，宜[仪]仗甚盛。扮诸鬼卒、扮无常二人，高与檐齐，满街放爆竹，谓之'跳无常'。"[①]徽州民间的传统节日

---

① 刘汝骥：《陶甓公牍》卷十二《法制科·绩溪风俗之习惯》，梁仁志校注，安徽师范大学出版社2018年版，第283页。

是人们彼此之间进行交流沟通、增强体质、娱乐休闲的大好时机。如徽州的舞草龙等民俗体育活动均属此类。二是审美需要。美是人类自古以来的共同追求。在徽州，每逢节庆之日，人们通过民俗活动倾力展示、体现身体活动之美，并陶醉其中，尽情欢乐。如徽州叠罗汉等民俗体育活动即属此类。徽州元宵节的叠罗汉活动，以其造型之美、力量之大最为显著，它体现了人体美的韵味和益然向上的情趣，将其浓烈的审美价值融入节庆活动中。

由此可见，徽州民俗体育既丰富了节庆活动，又活跃了节庆气氛，满足了人们在节日期间交流沟通、增强体质、娱乐休闲和审美等需求，同时作为节庆文化的活态载体随着人们需求的变化在节庆中不断得到丰富。

(四)形成于徽州的经商习俗

徽州的经商习俗由来已久。徽州经商习俗的兴盛从各地方志中可见一斑：歙县"业贾者什家而七"[1]，祁门县"服田者十三，贾十七"[2]。徽州经商习俗的盛兴不仅表现在人数众多，还体现在其价值观念上。"徽州风俗，以贾为第一等生业，科第反在其次。"[3]随着徽州经商习俗的盛兴，从贾人数逐渐增多，其经营的范围极为广泛，经营的行业和规模日益增大，这对徽州民俗体育的形成有着以下三方面的影响。

一是徽商的经营方式推动强身健体类民俗体育的形成。徽州是以货殖为恒产的社会，徽商主要经营茶、木、棉、盐等。近人陈去病在《五石脂》中指出，徽郡商业，盐、茶、木、质铺四者为大宗。徽商诸多经营方式中，走贩，即长途贩运，占据了相当重要的位置，这就需要大量身强体壮的劳动力。因此，各种能增强体质的体育活动也就备受徽州商帮的重视，徽商常以玩石锁、举石担、摔跤、扳手劲等活动锻炼身体，从而有效提高经营走贩的办事效率。

二是徽州商业发展推动徽州习武之风兴盛。徽商在经营的途中，带有大量的现金和财物，因经商路途复杂凶险，在商运途中需要武艺高强之人来为其行商保驾护航。随着徽商的发展，习武之风在徽州民间逐渐盛行，并出现程宗猷等著名武术大家。可见徽州商业的发展客观上推动了徽州武术的

---

①《太函集》卷一六《充山汪长工六十寿序》。
②万历《祁门志》卷四《风俗》。
③《二刻拍案惊奇》卷三七。

形成和发展。

三是徽州商业的成功推动徽州娱乐类武术表演的形成。徽州商业的成功带来了大量的资本，徽商"入市交易，日逾万金"，清代野史也认为："徽州富商巨贾以千万计，百万以下者，皆为小商。"①在当时以"十金"为中产者的社会，徽商的资本之巨可想而知。徽商赚取资本后将其输入故里徽州，促进了地方文化的繁荣。徽州有"最喜搭台演戏"的风俗。随着徽州商业的不断兴盛，成功的徽商大族对这一娱乐需求也在提高，凭借着强大的经济支持，徽商每逢无事之余，组织内班唱戏表演，将武术技艺、体操、棍术、枪术融入戏曲中，形成独具徽州特色的唱、念、做、打完美结合的地方剧种。正如著名戏曲家张岱所言："余蕴叔演武场搭一大台，选徽州旌阳戏子，剽轻精悍，能相扑跌打者三四十人，搬演目莲，凡三日三夜。四围女台百什座。戏子献技台上，如度索舞絙、翻桌翻梯、觔斗蜻蜓、蹬坛蹬臼、跳索跳圈、窜火窜剑之类。"②可见，这类将武术等体育活动融入地方戏曲中的创新方式，极大地拓展了徽州武术的发展路径，促进了徽州娱乐武术表演活动的形成。

(五)形成于民间娱乐风俗

民间娱乐风俗在徽州影响较广，这类民俗体育活动主要在儿童和成人的娱乐活动中流行。与其他的民俗体育活动不同，它不含宗教色彩，也与商业和生产无关，仅具有娱乐性质。徽州民间至今仍有踢毽子、挖石子、跳房子、拔河、捉迷藏、折纸牌等娱乐活动，具有极强的游戏、娱乐性质。这些民俗活动在徽州历史中有着广泛的群众基础。根据众多有关民间游艺等书籍的记述，这些民俗活动大多形成于中原地区，后随着移民南下，被带入徽州。据《史记·苏秦列传》载："临淄甚富而实，其民无不吹竽鼓瑟，弹琴击筑，斗鸡走狗，六博蹋鞠者。"③这说明，人们在衣、食、住、行等基本物质需求满足后，精神需求就成了主导需求。而这类民俗体育活动在人们的生活中起着举足轻重的作用，并且随着地域社会生活的变化，又会出现新的活动形式。据此可以推测，徽州踢毽子活动是由古代蹴鞠演化而来，而拔河游戏是源于古代军事操练的牵钩活动。

---

①《清朝野史大观》卷一一。

②张岱：《陶庵梦忆》，马兴荣点校，上海古籍出版社1992年版，第52页。

③乌丙安：《中国民俗学》(2版)，辽宁大学出版社1999年版，第377页。

（六）形成于军事斗争和宗族利益需要

史料记载，春秋之际，吴越连年征战，尚武习俗蔚然成风。吴越之君尚勇，故其民好用剑；士有陷坚之锐，俗有节慨之风。唐宋以前，徽州居民基本上以山越人为主体。徽州古属吴越文化圈，吴越、楚经过漫长的征战，社会基本达到全民皆兵的景象，其民间武术习练之风兴盛。为军事战争而进行的民间武术习练之风一直延续到三国时期，在这一历史阶段中，有学者认为："山越人身材短小，袒胸露臂，勤劳勇敢，尚武好战，崇尚气力。"[①]志勇好斗、剽悍尚武、鲜知礼节是山越武术特征的最好描述。这种崇武尚武的社会风尚一直被保存下来，渐变成徽州较为突出的民俗事象。20世纪80年代，屯溪曾出土了绘有武舞图的铜鼎和钟形五柱乐器两件文物，它们生动地呈现了徽州山越人勇悍尚武的社会生活景象。由此可见，历史遗留的军事武术对徽州习武之风有着重要的影响。

徽州是以血缘关系为纽带的典型的宗族制社会。一姓一族、一族一村是徽州宗族制社会的重要特征。此外，以契约关系构成的佃仆制在明清时期较为盛行。佃仆服从于地主，但他"非我族类"，处在宗族社会底层。徽州的佃仆制又称"拳头庄"。有学者统计，中华人民共和国成立前祁门县查湾氏祠堂拥有拳头户百余户，其中青壮年男子都要进行武术训练。他们在徽州社会生活中发挥着劳役和打手的双重功能。

为了捍卫宗族的利益，他们会培养大量勇武之人。据淳熙《新安志》记载，徽州当地人以财力保捍乡土，出现了不少以武功著称的人物。近代许承尧在《歙事闲谭》中也有着类似的记载："武劲之风，盛于梁、陈、隋间，如程忠壮、汪越国，皆以捍卫乡里显。"[②]许承尧是徽州人，其所言是徽州民间重武习武习俗的真实反映，也说明了徽州民间习武习俗的目的和缘由。正是由于捍卫宗族各种利益的现实需要，徽州民间延师习武现象十分普遍，宗族利益的捍卫进一步推动了民间习武的兴盛。

在徽州，强宗大族的利益受到侵害时，一般都是通过动用宗族的人力和财力以诉讼的形式最终获得胜利。但"因家族意见太重，两姓逼处，亦间有

---

① 卞利：《徽州民俗》，安徽人民出版社2005年版，第14页。

② 许承尧：《歙事闲谭》卷十八《歙风俗礼教考》，李明回、彭超、张爱琴校点，黄山书社2001年版，第602页。

以一二人口角之争,为全族械斗之事"①。除了强宗大族外,一般的宗族在利益受到侵害又不能以诉讼的方式保全时往往要动用武力解决,因此,他们专门组织力量并加以武术训练。在古代封建社会的民间,拳脚功夫有时可能比地方法律更有威慑力,使用武力解决纠纷也更简单直接。

明代中叶以后,徽州商品经济的发展使富者越富、贫者越贫,产生财富不均的现象,出现了一批专门抢、打和敲诈拐骗的不法分子;另外,人口增长引起的土地矛盾日益突出,徽州民间的治安状况较为严峻,以致徽州民间一度出现"棍风大炽"②的局面。这些地痞流氓寻衅滋事的情况在徽州的地方文献中都有记载,如《歙纪》中曾指出:"徽俗竞赛神会,因而聚集游手、打行、凶强、恶棍,不以无事为福,惟以有事为荣,或彼此夸奢,或东西争道,拳足不已,挺刃相仇。伤小则斗殴兴词,伤大则人命致讼。"③为了扩大和巩固宗族势力范围、捍卫乡土的利益不受侵犯等,徽州很多宗族设立拳头庄,招养佃仆习练拳脚。因此,民间习武拜师的现象屡见不鲜。徽州地方志等文献中大量记载了有关徽州人为拜师学武而立的"学武关书"(又称"拳关"),即相当于今天签订的合同。这类资料文书多为手抄本,且为私人收藏。徽学专家复旦大学王振忠先生在《少林武术与徽商及明清以还的徽州社会》中对徽州人延师习武所立的拳关作了较为详尽的记述。从关书的内容可以看出:其一,习武的目的是为了防身、捍卫乡土平安等;其二,"比户"等皆说明一村之中习武人数众多;其三,徽州有大量武功出众的拳师。

二、徽州民俗体育的历史演进

徽州民俗体育的发展与地方社会变迁之间有着密切的联系。徽州民俗体育的发展是徽州社会变迁的晴雨表,昭显着徽州社会的发展轨迹。那么,徽州社会的发展经历了哪些历史进程?随着徽州历史的推进,民俗体育彰显出哪些特点,并有着怎样的发展规律?

(一)徽州人的来源

徽州历史悠久,在距今三四千年的殷商时期,这里就居住着一支叫山越

---

① 民国《歙县志》卷一《舆地志·风土》。
② 傅岩:《歙纪》卷八《纪条示·杜棍谋以坚义济》,陈春秀校点,黄山书社2007年版,第97页。
③ 傅岩:《歙纪》卷八《纪条示·禁赛会》,陈春秀校点,黄山书社2007年版,第108页。

的先民,山越是百越中的一支。根据翟屯建《徽州古史二题》的考证,三国时,徽州这片土地上的居民已经有六个方面的来源:一是早在秦以前徽州就居住着土著先民;二是秦始皇时徙入的"大越徙民";三是秦末吴芮部将所率后来滞留徽州的"百粤之兵";四是春秋战国、楚汉相争、中原战乱时期举家迁徙至徽州的北方居民,诚如民国《歙县志》所云"邑中各姓,以程、汪为最古,族亦最繁。(程)忠壮公越园之遗泽长矣。其余各大族,半皆由北迁南,略举其时,则晋、宋两南渡及唐末避黄巢之乱。此三期为最盛"①;五是为逃避赋役陆续流徙到徽州的中原居民;六是留恋徽州大好山水的仕宦,或为官于此,或游历于此而居此。这六个方面的徽州居民,既有本地土著,又有南迁的汉族、北移的闽粤越族;既有公侯太守,又有平民百姓。这些移民将各种风俗习尚带到徽州。从民俗源流上看,徽州民俗主要来源于吴、越、楚、中原。正是这些山越土著、中原士家大族为主体的徽州人创造出多元化特点的徽州民俗体育文化,并世代相承。

(二)徽州历史变迁

徽州民俗体育的历史演进,是在徽州若干次社会变迁的过程中完成的。历史上徽州经历了多次社会的变迁,就徽州地方社会和文化而言,其变迁大体上经历了五个阶段:一是前山越历史阶段,包括秦汉以前及旧、新石器时代,这一阶段徽州地方社会文化发展打上了吴越文化和楚文化的烙印。二是黟歙时期的山越历史阶段,主要是秦汉时期。居住在百越地区,以山区为根据地的汉、越两族人民,共同反抗地主阶级和封建统治阶级。三是新安历史阶段,三国时期,东吴加强了对徽州的控制,山越人此时大量迁出山林,徽州地方社会结束了封闭状态,与中原联系加强,东汉末年开始的中原世家大族南迁徽州,此时达到高潮。"新安歌舞离别之辞"成为徽州移民风俗中最突出的风俗习惯。四是歙州历史阶段,以隋文帝开皇十一年(591)置歙州为始,至北宋徽宗宣和三年(1121)改歙州为徽州,为歙州阶段结束的标志。五是徽州文化阶段,以北宋改歙州为徽州始,到民国废除道府存县时为止。在这一时期,徽州地方社会与文化进入全盛时期,出现了朱熹、程颐等一批文化巨匠,使得新安理学成为徽州地方社会的指导思想和精神支柱,宗族宗法、伦理在徽州逐渐制度化并日趋庶民化。由于相对封闭的自然环境和很

---

① (转引)卞利:《徽州民俗》,安徽人民出版社2005年版,第5页。

少受战乱的影响,徽州的宗族制度得以很好保存,其宗族势力与凝聚力比其他地方更为强大。明代中叶以后,徽州商业的崛起与发达,为徽州地方社会与文化的发展提供强大的助推力,各种民俗活动丰富多彩,"汪华、程忠壮公和胡元帅的祖先信仰,张巡、许远的双忠信仰和各种自然与社会信仰及其围绕信仰所开展的一系列迎神赛会等活动,成为徽州重要的民俗事象"①。可以说,徽州不同历史时期的生产力和经济发展、文化等多种因素,共同熔铸出徽州民俗体育的风貌。

(三)徽州民俗体育的历史演进

徽州与浙江、江西二省相邻,其文化相通,习俗相似,且山多地少,交通不便,在地理上又是一个相对封闭的单元,形成了自己独特的风俗和民情。由于生存空间和族群的相对独立性,徽州文化一直保存着较为完备的文化形态,是徽州人们世代创造、传承的具有鲜明特色的民族文化。在自然封闭状态下的徽州,丰富多彩的民俗体育成为民众日常社会文化生活的组成部分。徽州春秋时属吴,战国时属越,越亡属楚,徽州民俗体育文化的根基与吴、越、楚文化有密切关系②。因此,徽州民俗体育不仅包含了山越体育的遗存,还传承着中原传统体育的基因,具有传统体育内容与形式兼并发展所形成的地方特色体育形态。在古时的徽州,刀耕火种是其主要的生产方式,先民们在劳动之余或收获之际常以舞蹈自娱自乐。徽州傩舞就是山越人流传下来的一种祭神祈福、庆祝丰收的舞蹈形式,舞步夸张粗犷、朴实简练、潇洒飘逸,对健身、娱心有较大的促进作用。东汉以后,不断有中原居民南移入徽州,随之带来的儒家文化对徽州土著文化产生了很大影响,两者互为交融,从而形成了极具地方特色的徽州文化。

人口迁徙势必将各种风俗习惯和民俗文化带入迁居地。中原居民带来的传统体育在徽州广泛开展,舞龙、舞狮、舞麒麟、跳钟馗等受到当地人的喜爱,逐渐融入当地人的生活中。明清时期,徽商的兴起促进了徽州民俗的传播,也进一步丰富了徽州民俗体育的内容。在土著原生态体育和外来传统体育的共同影响下,在相对独立的社会环境中,徽州形成了一些特有的民俗

---

① 卞利:《徽州民俗》,安徽人民出版社2005年版,第11页。

② 陈双、任远金:《古徽州"鱼龙舞"的文化内涵与现代流变》,《军事体育进修学院学报》2008年第3期。

体育活动形式,如大刀舞、嬉鱼灯、钹舞、蚌壳舞、抬阁等。

总体而言,徽州民俗体育的历史发展是一个多层次和多序列的动态演进过程,这一过程受制于徽州地域社会的进步或文明程度。因此,以徽州地方社会的生产力发展水平来划分徽州民俗体育的不同阶段是研究其历史发展的基本依据。以目前学界普遍认同的对徽州地方社会历史的划分方法为依据,本书将徽州民俗体育的历史发展划分为前山越历史时期、山越历史时期、新安历史时期、歙州历史时期、徽州文化时期等五个阶段。由于前三个时期徽州民俗体育在表现形式及其所表达的文化内涵上较为相近,因此,在分段时将它作为一个阶段进行论述。通过对每个时期徽州地域社会背景的介绍,可以很好把握其发展的时代特征和发展逻辑。

1.前山越至新安历史时期的民俗体育

前山越时期,处在夏、商、周到秦朝以前阶段。在这一时期,这片土地上已经有了古老的体育文化雏形。根据徽州出土的文物考古研究发现,早在前山越时期,这里就有人类活动的足迹,且民俗事象较为丰富。考古研究还发现,在黄山市屯溪西郊挖掘的七座古墓葬的时间跨度为西周至春秋时期,出土的一百多件青铜器等文物,"形制奇特,纹饰神秘,别具一格,为其它地方所未见,十分引人注目"[①],同时出土的还有绘有舞蹈图的钟形五柱乐器。以外,在歙县的下冯塘遗址出土的文物充分反映了徽州先民的生产生活状况及其民俗文化现象,也表明了下冯塘遗址是歙县先民重要聚落之一,在前山越时期他们已经进行了狩猎自卫和生产劳动,从而创造了最古老的体育文化雏形,并作为一种社会力量在军事和生活中发挥着重要作用。

山越时期,处在秦汉阶段。由于社会生产力低下,人们无法探索自然现象的奥妙,更无法和自然灾难作抗争,只能幻想具有超自然力量的神来主宰它,于是创造出各种神加以崇拜并定期祭祀。徽州四面环山,土地是徽州先民赖以生存的基础,于是祈求风调雨顺、谷物丰收或驱鬼逐疫的祈禳性活动便产生了。徽州民俗体育正是伴随着古老的祭祀活动而逐渐形成的。如被誉为现代舞蹈活化石之称的徽州傩舞是以驱鬼逐疫、祈福纳吉为目的,是山越时期原始先民自然崇拜、祖先崇拜、鬼神崇拜的产物。

新安时期,处在三国至隋唐以前阶段。这一时期,徽州山越人具有崇武

---

① 安徽省地方志编纂委员会:《安徽省志·文物志》,方志出版社1998年版,第334页。

尚武的传统习俗,对祖先祭拜的民俗也逐渐兴盛。《汉书·地理志》中载:吴越之君尚勇,故其民好用剑。《吴都赋》中载:士有陷坚之锐,俗有节慨之风。《越绝书》中云:锐兵任死,越之常性也。民国《歙县志》中云:尚武之风显于梁陈,右文之习振于唐宋;同治《祁门县志》也载:唐以前,以武功著。类似这些记载在徽州地方文献中不胜枚举。直到民国时期,徽州仍然保留着崇武尚武的习俗。这种民间习俗是在当时徽州社会战事频发和兵器不断改进与使用等影响下形成的,"操干戚以舞""发扬蹈厉以示勇"均是这一时期武术存在的真实描述。军事武术的存在对处在吴越之地的徽州民俗产生了广泛而深远的影响。

总体而言,唐代以前,徽州的民俗体育主要体现在敬神驱鬼等民俗活动上,舞蹈、龙舟等民俗体育活动已初见端倪,而民间节庆岁时类民俗体育与娱乐类民俗体育颇为鲜见。

2. 歙州时期的民俗体育

歙州时期,处在隋唐至宋代以前阶段。唐代,不仅山越之称不见记载,越人的习俗也日渐泯灭,但山越人信巫信鬼和崇尚武力的习俗在徽州成为民间信仰被保存下来,这一习俗在很大程度上是通过民俗体育活动的形式存在于社会发展进程中。歙州时期,很多传统的节日民俗及活动形式已经基本定型,如"尚武之风显于梁陈,右文之习振于唐宋"①。尚武和右文的结合,造就了一代徽州文化,正是这两种民俗的综合作用,推动了徽州民俗体育的全面发展。以歙县南乡章氏二女斗虎为起点,烈女崇拜之风渐开先河,有关孝烈之女成为徽州人心中的偶像。不仅如此,众多捍卫了徽州一方平安的忠孝先人,受到后代徽州人的顶礼膜拜和香火祭祀。由此形成的民间信仰与祭祀相结合的民俗在这一时期颇为盛行,在节日祭祀民俗活动时,都要开展一些民俗体育活动。

3. 徽州文化时期的民俗体育

徽州文化时期指的是从南宋至明清时期。在这一时期,徽州形成了极具地域特征和适合自身生产生活方式的岁时节庆、宗教祭祀、娱乐休闲等民俗体育活动,且日渐丰富。徽州岁时节庆民俗体育主要体现在元宵节、清明节、端午节、重阳节、除夕以及上九庙会、春社、赛花节等岁时节日中,项目有

---

① 民国《歙县志》卷一《舆地志·风土》。

傩舞、大刀舞、打秋千、板凳龙、舞龙、舞狮、划龙舟、叠罗汉、扑蝶舞、蚌壳舞、嬉鱼灯、跳竹马、赛龙舟等。道光《徽州府志》卷二《舆地志》记载祁门风俗曰："立春日听民扮台戏，从公迎于东郊，合邑傩班例随之；新岁家各行傩以驱邪；元宵节张灯大街，俗谓之赏丰年；五月五日迎神船、逐疫船用竹为之，裹画状似鳅，以十二人为神，载而游诸市。"①祭祀民俗体育主要体现在庙会、祭祖敬神等活动中，项目有跳钟馗、跳菩萨、五猖会等。休闲娱乐民俗体育主要体现在徽州戏曲歌舞中的杂技与武术运动中。由于这一时期的徽州地方社会价值观较前期发生了变化，尤其在程朱理学的影响下，徽州"武劲之风"开始向"文雅"转变。武技及众多项目受到限制，一些武术家把武技与目连戏等修身养性活动结合起来，作为娱乐表演项目在民间传承；同时，这一时期以武登第、跻身宦海的思想突出，这也是"新安武甲颇多"的原因之所在。值得一提的是，创造了"无徽不成镇"佳话的徽商的兴盛为徽州民俗体育的传播起到了重要的推动作用，很多民俗竞技活动在徽州得到传承，如玩石锁、举石担、扳手劲、踩高跷、拔河、摔跤、斗蟋蟀活动，从宋至明清，在徽州民间分布广泛，长期存在，相沿成俗。

到了近代，鸦片战争打开了中国关闭的国门，西方文化伴随着坚船利炮一并涌入进来。西方体育的涌入，给徽州民俗体育的发展带来了深刻影响。在西方文化的冲击和影响下，徽州民间村落传统文化的主导地位逐渐消失，民众的价值观念也在发生着日新月异的变化，徽州民俗体育传承的基础逐渐丧失。

社会文化环境在不断变化与发展，人们的生活形态和观念也在不断更新。随着社会文化环境的变迁，包含多种文化内涵的民俗体育也悄然发生变化。社会不同文化形态的传播与交流，使民俗体育的发展受到现代文化（包括现代体育）的冲击与挤压，生存空间日益缩小。

在漫长的中国传统社会的历史阶段，徽州民俗体育是民众以娱神、娱人为主要诉求的活动，体现了一个宗族、一个村落、一个组织的综合实力和凝聚力。在封闭、稳定的徽州社会，民俗体育成为调节村落内外社会关系、维持村落秩序和表现村落实力的重要手段，并保持与社会文化形态一致的特色。这体现了民俗体育的习俗传承功能。中华人民共和国成立后，徽州民

---

① 贾磊：《徽州体育文化概论》，兰州大学出版社2010年版，第17页。

俗体育仍是村落百姓欢庆节日、健身娱乐的主要文化活动内容,依然具有展示村落宗族力量和追求社会声望的价值。这种传承可以看作徽州民俗体育在新时代的延续。"文革"期间,有不少民俗体育项目依然活跃,不过活动已不如以前那样隆重和正式。如歙县的叠罗汉,绩溪的抬阁,汪满田、瞻淇的嬉鱼灯,休宁、屯溪的仗鼓舞等。

从土地改革到公有制的建立,社会环境和文化环境都在发生着翻天覆地的变化,改革开放使民俗体育存在的环境发生了较大变化。改革开放以后,市场经济的确立和农村城镇化建设,使民众在精神信仰、生活方式、文化娱乐等领域都发生了巨大变化。受社会经济、多元文化、学校教育等多方面的影响,民众对文化形式有了更多的选择。文化的多元性影响着徽州民俗体育,使它逐渐受到村落民众的冷落。特别是大量年轻人外出务工,这加速了徽州民俗体育陷入尴尬的境地,使其失去了昔日热闹的场面和荣耀的光环,且有些技艺面临失传的危险,如耍钹叉、筛叉、舞抽担等。一些民俗体育项目在旅游经济和民俗危机意识的驱动下,得到了一定的恢复、保护和发展,多项具有深厚文化底蕴的民俗体育被列入非物质文化遗产名录。

徽州民俗体育的挖掘、整理与研究逐渐得到重视。歙县政府组织相关专家对本县民俗体育文化进行挖掘和宣传,并出台相关政策支持和保护民俗体育,先后在歙县古城举办了多届"徽州民俗文化节",古老的民俗体育作为民俗文化节内容相继在展演中亮相。近些年,政府组织文艺活动、单位开业庆典或搞促销活动时以举行民俗体育表演来助兴,这无疑推动了徽州民俗体育的传承和发展。如1988年歙县首届民间艺术节、1992年枇杷节、2000年徽园民间艺术节、2005年徽州民俗文化艺术节、黄山旅游文化节、歙县徽园开园等。徽州有丰富的自然和人文景观,是世界著名的旅游胜地,在大力发展山水旅游的同时,政府也不失时机地推出徽州文化之旅,民俗体育项目表演成为一项经常性的活动。在大力建设新农村文化阵地之时,也有村落在民俗节庆日举办各种民俗体育表演,如元宵节时歙县周家村的花棍舞、拨叉、筛叉、耍流星,叶村的叠罗汉,汪满田、瞻淇的嬉鱼灯、舞蛤蜊等。徽州民俗体育的发展,适应了中国社会经济、文化转型的发展潮流,在传承和发展的过程中,被赋予了新的文化内涵。

三、徽州民俗体育形成与演进的内在逻辑

(一)群体需求是徽州民俗体育形成与演进的内在生命力

作为一种民俗文化事象的民俗体育活动,其形成与人们的群体需求密不可分。丰富多彩的徽州民俗体育文化的形成、发展与传承是徽州一代又一代先民集体才智的重要体现。民俗体育要靠群体的行为、语言等才能传承下来,并根据人们生活需求的变化不断加入新鲜元素,其精神内涵和外在形式都将不断丰富和完善,从而观照着人们的生存需要和心理需要。从根本上而言,徽州民俗体育的形成是徽州历史变迁和群体需求不断发展的必然结果。

徽州民俗体育的形成过程,无疑是当时历史时期徽州人的生活经验和精神观念的反映。在这一过程中,要形成一种习俗被群体接受和传承,需要这种习俗符合人们的生活和生存需求。徽州的民俗体育从来就是民俗生活中的行为,其活动的形式、时间、场合等总是依附于一定的民俗内容,其目的是通过民俗体育的模式性活动协调同族人的心理、规范群体行为、服务于社会生产与生活、满足人们的审美需要。不同性质的民俗体育活动内容满足了人们多元化的需求。随着徽州地方社会的进步,人们的需求在发生着相应的变化,这一变化推动着民俗体育内容和形式的发展。毋庸置疑,没有群体的需求就没有民俗体育的形成和发展,徽州民众的需求是民俗体育形成与发展的生命力所在。

(二)传播是徽州民俗体育形成与演进的主要途径

徽州民俗体育根植于徽州文化土壤之中,其形成与发展受徽州地方政治、经济、文化等环境的深刻影响,它是在徽州地域历史的纵向坐标和横向坐标上共同完成的。徽州民俗体育作为社会的物质与精神纽带在社会历史的长河中被民众自觉加以传承,并在徽州时空范围内广泛传播,同时不断融入地方因素,从而适应地方民众的物质生活和精神生活。应该说,徽州民俗体育是在传播过程中得以传承和发展的,传播是徽州民俗体育形成与发展的主要途径。

徽州民俗体育的纵向传播是以徽州特定的社会需求、社会关系和民俗民风为载体来实现的。总的来说,徽州地方社会的价值观念、信仰心理和物质需求的变化决定着民俗体育的内容、内涵及其外在表现形式。当人们的价值观念和物质水平发生变化时,民俗体育也会发生相应的改变,在此过程中,既保留原有的活动形式,也借鉴和吸收他域的体育活动内容与形式。正是依靠徽州先民集体传播的力量,徽州的民俗体育才能保存至今。当然,徽州的民俗体育在纵向传播中难免会发生变异和消亡的情况,如徽州武术在唐代以前以技击为主要特征,进入两宋以后,以"柔弱胜刚强"的程朱理学逐渐在徽州根深蒂固,成为徽州地方社会的精神支柱,在此背景下,徽州武术的内容与形式开始由"刚强"向"文雅"转变,并与徽州民间的养生相结合。

徽州民俗体育在横向上的传播主要有两种形式:一是徽商活动足迹内的他域民俗体育对徽州民俗体育发展的影响;二是中原移民将大量中原民俗体育活动带入徽州,有的和地方民俗相结合形成新的民俗体育活动,从而使其得到保存和发展。显而易见,徽州人群的迁徙承担着民俗体育横向传播的职能,徽州民俗体育的传播客观上推动了它自身的发展。

总而言之,徽州民俗体育在徽州地方社会历史长河中的纵向迈进和横向上互为传播拓展是其传播和发展的两条基本路径,它深刻而鲜明地体现了徽州民俗体育文化发展的内在逻辑,也为我们今天更广泛意义上思考徽州民俗体育的现代传承发展提供了历史依据和可能方向。

(三)地域限定是徽州民俗体育在演进中形成自身特色的原因所在

徽州民俗体育是在徽州地域特定环境中形成和发展起来的一项民俗文化,无不带有徽州价值观念、生产生活习俗与自然环境的烙印,是徽州地域文化的表现成果之一,有着典型的徽州地域特色。如前所述,徽州域内有山越人、百粤之兵、中原大族及北方居民等六个不同群体共同在这里繁衍生息,形成了多元交叉的民俗体育活动现象。徽州多元化的民俗体育的地域特色主要体现在:其一,徽州主体部分四面环山,地域上具有极大的封闭性,民俗体育活动表现出农林社会的特征与文化气息,缺少开放性;其二,徽州多元化的生活主体使民俗体育文化表现出正统性,并朝着多元融合方向发展;其三,自宋代以降,在程朱理学"三纲五常"伦理精神引领下,徽州民俗体育的活动形式表现出极大的伦理性,缺少竞争性。

例如,休宁县的得胜鼓、歙县的大刀舞等民俗体育,都是为了纪念唐代军事将领张巡与许远而进行的体育活动,同样的文化内涵在徽州各地表现的形式和名称各异。歙县的目连戏、叠罗汉等民俗体育缘起于佛教,在社会生活中起到宣扬佛理、劝人为善的作用。诸如此类的民俗体育均是与徽州自然环境、信仰体系的独特性相关,通过体育活动形式表达的是徽州林农文化色彩和徽州文化特质。总体而言,徽州民俗体育在发展过程中表现出独有的地方特色和地域风格。

(四)经济发展是徽州民俗体育形成与演进的基础

徽州民俗体育的形成与演进与徽州的社会经济发展和人们的生产生活紧密相连。在徽州前山越时期,徽州山越人过着以满足物质需求为主的生活,其体育活动方式以简单的走、跑等为主,用以提高身体素质。"从人类社会发展的实际情况来看,时代越是久远,其教育就越是较多地通过体育活动来进行,因为其时的人们出于维系生命安全和生产劳动的需要,通常需要强壮的体质和身体活动能力"①。在生产力不发达的徽州,民俗体育是以舞蹈、游戏、宗教祭祀等为主要运动形式来提高身体素质。唐代以后,徽州商品经济开始得到有效发展,尤其是徽州商业的兴起,为徽州民俗体育文化的繁荣与发展提供了经济动力。随着徽州地方经济的发展繁荣,民俗体育的健身娱乐、祭祀娱神等多重功能得到重视,民俗体育的发展空前活跃,呈现出丰富的表现形式。尤其在明清徽州商业极度兴盛时期,出现"体育搭台、经贸唱戏"的徽州民间民俗体育娱乐活动形式,徽州民俗体育从生产生活和宗教信仰层面开始向经济领域渗透。这充分表明,徽州民俗体育的发展与徽州社会经济发展是分不开的,它既为经济发展服务,同时作为徽州民俗文化形态之一,又受社会经济和文化等诸多因素的影响和制约。

---

① 周伟良:《中华民族传统体育概论高级教程》,高等教育出版社2003年版,第42—43页。

第三章　徽州民俗体育的运动形态

　　体育的运动形态是外在的运动形式和内在的文化内涵或价值旨趣的综合体。徽州民俗体育是徽州民俗文化中的体育实践形态,其运动形式多样,文化内涵涉及民间伦理、民间生产、民间信仰、民间艺术等多个方面,烙印着徽州地方民俗文化和社会发展的文化印记。徽州民俗体育形式的多样性和内涵的丰富性使其在运动形态上表现出多元性。

　　为尽可能地展示徽州民俗体育的概貌,课题组通过问卷调查、实地调研、文献查找等方法对徽州一府六县的民俗体育相关内容进行了全面挖掘和整理。本书依据徽州民俗体育的文化属性和发展类型,从文化学视角对传承的一些徽州民俗体育项目进行呈现,分别从项目的起源与发展状况、项目的活动内容与形式、项目的特征与价值等方面加以挖掘和整理。因为徽州武术发展已经自成体系,在此将其作为一个特殊的运动形态进行研究。

　　为尽可能展示其原貌,在整理徽州民俗体育的运动形态时,本书将其放到民间生活文化中考察。它的很多活动带有"神圣"性,不可用现代人的眼光来评判,虽然它缺乏科学性,但是在民间因为实用性很强而被一代又一代传承下来。为此,本着求真和求实的原则,本书对部分徽州民俗体育项目进行挖掘和整理。

第一节　徽州民俗体育概况

一、徽州民俗体育的项目与分布

根据课题组实证调查和文献统计,分布于徽州一府六县的民俗体育项目有100余项。其中分布在歙县各乡镇村落的项目有53项,其分布数最多,而黟县仅有4项,项目分布极不平衡(见表2)。

表2　徽州民俗体育项目统计

县(区)	项目名称	项目数
歙县	跳钟馗、嬉鱼灯、大刀舞、板凳龙、打标、腰鼓舞、蛤蜊舞、甩流星、耍叉、跳竹马、舞麒麟、抬阁、游菩萨、舞草龙、舞狮、元宵灯、叠罗汉、打秋千、狮子舞、放飚灯、花棍舞、太子会、盘鸣、红旗舞、字舞、奇巧板、开锁、耍钺、舞抽担、方九五长拳、玩石子、象棋、踩高跷、划龙船(赛龙舟)、花棍舞、布龙舞、达摩拳、葡萄架、手巾花、八仙拳、少林拳、舞铁刀、梅花枪、六合刀、打筋斗、舞蛇、舞火、盘凳、跳白鹤、舞棒、打桅爬杆、举石担、徽州板凳术	53项
黟县	放风筝、舞龙狮、雉山凤舞、滚趟双刀	4项
祁门县	舞龙(烛龙、火龙)、祁门傩舞、游太阳、舞草龙、采茶扑蝶舞、打莲湘、龙舟	7项
休宁县	武状元、得胜鼓、板凳龙、踩高跷、少林棍、腰带花	6项
绩溪县	打秋千、手龙舞、纸龙舞、草龙舞、跳旗、抬阁、板凳龙	7项
婺源县	迎龙灯、傩舞、抬阁、豆腐架	4项
徽州区	跳钟馗、板凳龙、舞草龙、抢大王、徒手岳家截手法、舞抽担	6项
屯溪区	舞狮、黎阳仗鼓、隆阜抬阁、黎阳板龙、罗汉刀、八仙剑、徽州枪、徽州柴担、少林棍、腰带花、威风锣鼓、腰鼓、胸鼓、蚌壳舞、舞火龙	15项

造成这种现象的原因在于:一定地区社会环境的差异,不仅反映在文化心理中,还会从一定的文化现象中凸显出来。歙县在历史上是徽州的经济和文化中心,即使在今天,其人口都较徽州他县为多。由于徽州民俗体育在形成与传承中受到各种民俗文化因素的影响和多元价值取向的制约,所以表现出多元并存的活动形态。活动形态上的差异,使各项目在内容和形式上呈现出多样性的特征,这也是造成项目分布不平衡的重要原因。这些丰富多彩的民俗体育项目充分展现了徽州各地的生活情趣和民俗心理,并与现代体育交相辉映,共同构成当前徽州农村群众体育生活方式的图景,具有鲜明的徽州群众体育特色。徽州的民俗体育在功能、内涵和形式上有三个特点。

一是健身和娱乐效果并重。从徽州民俗体育的基本功能来看,相当一部分项目是群体性活动,为强身健体或为娱乐表演而开展;从开展的时间来看,大多数项目是在劳作之余或在节日活动时展开,将体育寓于娱乐之中,丰富了生活内容,活跃了节日气氛,对促进社会生产和调节民众身心起着双重作用。

二是历史文化色彩浓烈。从发展历程来看,徽州的民俗体育绝大多数是在明清时期形成和发展的,是伴随着徽州社会历史的脚步不断选择、交融和定型的。今天,从这些活动中仍然可见其历史文化气息。徽州民俗体育一般由同姓或单个村落组织,具有很强的排他性,这集中反映了徽州村落社会的组织关系。

三是功利性特点十分明显。昔时的徽州是个移民社会,春秋时属吴,吴后属越,东汉以后渐渐成为以中原大族为主体的社会,多元文化的交融对徽州民俗文化的发展有着重要影响。从吴越时的信鬼崇神到明清时对祖先的崇拜,目的都是为了获得庇佑。民俗体育活动的开展始终是围绕着人自身的福祉而展开,具有很强的功利性。

二、徽州民俗体育的主要类型

徽州民俗体育形式多样,文化内涵丰富,风格各异。为探求这些不同形式与风格的民俗体育,需要对其进行类型划分,为后续研究奠定基础。这有利于进一步深化其本质认识,把握其所表现的文化特征,同时也是民俗体育学科基础理论研究不可缺少的方式方法。

"文化类型"这一术语最早出现在美国心理学家林顿所著的《人的研究》一书中,尔后美国文化生态学家斯图尔德认为文化类型即指不同民族文化之间的本质差异。目前大多数学者把体育文化分为学校体育文化、竞技体育文化和社会体育文化三大类,也有学者从体育发展历史、体育发展空间、体育的内在品质等不同视角对体育文化作了不同类型划分。如学者白晋湘等认为,分类是根据事物的异同把事物集合成类的过程,他们以此为依据,归纳总结出民族传统体育分类标准,并提出了按体育的价值与功能分类、按体育项目的形式与特点分类、按体育的性质分类等几种分类方法。

对于民俗体育类型的划分标准,大多数学者以民俗的内部结构为参照,将民俗体育分为物质类民俗体育、精神类民俗体育、口承语言类民俗体育和社会类民俗体育。这种分类方法可以反映出不同类民俗体育的民俗性差异和同类民俗体育的民俗共性。但这种分类容易引起同一个项目分属不同类别,因为同一个民俗体育项目往往有着多个民俗特性。

徽州民俗体育有着多样性和复杂性。徽州民俗体育的性质和类型与人们的节日生活、日常生活有着天然的联系。其中,徽州武术是徽州民俗体育中较为特殊的一种,正如有学者所述,"武术理应属于民间竞技游艺项目的重要内容,它多少世纪以来直接间接影响着各种关于力的和技巧的竞技活动"①。鉴于当前省级非物质文化遗产的徽州武术文化体系已经初步形成,这里单独将徽州武术归为徽州民俗体育的一个类别。

基于上述理由,本书将徽州民俗体育划分为节日庆典类民俗体育、日常生活类民俗体育和徽州武术类体育三个类型。

(一)节日庆典类民俗体育

节日庆典类民俗体育是徽州民众在传统节日中进行的以调节身心或娱神为目的的民俗体育活动,是民众为满足精神需求而进行的文化创造,它表达着独特的徽州节日文化思想与内涵。徽州的传统节日名目繁多,其中,农事性节日、祭祀性节日、喜庆娱乐节日是徽州传统节日的主要类型。节日中的庆典活动作为一种习俗和生活方式体现了徽州文化的深刻寓意。在节日庆典习俗中开展的民俗体育活动是徽州人重要的生活方式,并形成一种传统,在民间不断传承。这类民俗体育活动富有趣味性和表演性,旨在娱乐休闲或祭祀娱神。

根据徽州民俗体育活动的目的和娱乐对象的不同,可将它分为两个种类(见表3)。

表3 徽州节日庆典类民俗体育项目

种类	民俗体育项目
娱人类	大刀舞、采茶扑蝶舞、舞草龙、游烛龙、打秋千、抬阁、目连戏、舞狮、腰鼓、甩流星、耍叉、花棍舞、红旗舞、字舞、奇巧板、开锁、耍钹、手巾花、抛叉、得胜鼓、手龙舞、纸龙、威风锣鼓、嬉鱼灯、板凳龙、黎阳板龙、豆腐架
娱神类	叠罗汉、跳钟馗、游太阳、跳竹马、舞麒麟、傩舞、舞火龙、抢大王、舞六兽

一是娱人类项目,这类项目主要体现在徽州喜庆农事性节日的庆典活

---

① 乌丙安:《中国民俗学》(2版),辽宁大学出版社1999年版,第383页。

动中,以文化体育等娱乐形式,抒发人们欢乐和喜庆的心情,营造喜庆祥和的节日氛围,满足人们审美的需要。如祁门县的采茶扑蝶舞极具山区文化特色,它是徽州妇女们在采茶之余所进行的娱乐活动,其动作形式是将采茶劳动艺术化,是民众对生产劳动的一次模拟。此外,在农事获得丰收后,家家户户要举行秋报仪式以表达丰收的喜悦和期盼来年收成更好。绩溪县的舞草龙民俗活动,是在早稻丰收后,用稻草扎成龙,燃香插于龙身,敲锣打鼓,满村边跳边舞,草龙所路之户,皆要燃放爆竹。在徽州的元宵节、端午节、中秋节等重要节日里的大型娱乐活动有请戏班唱戏、集体杂耍和各种灯会等,其间要进行游烛龙、打秋千、抬阁、目连戏、玩踩高跷、舞狮等表演活动,男女老少争相参与、观赏,歌声笑语,场面宏大,通宵达旦。

二是娱神类项目,这类项目主要体现在徽州祭祀性节日中。徽州是个聚族而居的宗族制社会,祭祀祖先和神灵在徽州民俗中具有重要地位。在徽州祭祀性的迎神赛会上,一般要进行体育表演,以表达对祖先的崇拜。如歙县端午节的跳钟馗、为祭拜汪华公所进行的游太阳等民俗活动。与娱人类民俗体育不同的是,娱神类民俗体育一般出现在祭祀活动中,其形式较前者肃穆。

(二)日常生活类民俗体育

日常生活类民俗体育主要体现在徽州特定节日以外开展的体育活动中,这类项目往往是配合劳动生产、社会生活而展开的,在各种民俗活动中几乎无所不及。早在20世纪80年代,我国民俗学家乌丙安先生就在《中国民俗学》一书中将中国民间民俗体育分为赛力竞技、赛技巧竞技、赛技艺竞技三个类别①。这种分类方法是值得借鉴的,它符合并能够体现我国体育发展的社会价值。因此,依据徽州民俗体育的性质,将徽州日常生活类民俗体育分为竞技比赛类和健身休闲类两个种类(见表4)。

表4　徽州日常生活类民俗体育项目

种类	民俗体育项目
竞技比赛类	玩石子、象棋、手巾花、字舞、踩高跷、红旗舞、打标、跳旗、龙舟赛、打筋斗、举石担、玩石锁、甩流星、抬阁、闯霸王、游菩萨、奇巧板
健身休闲类	放风筝、腰鼓舞、蛤蜊舞、舞狮、狮灯、放飚灯、布龙舞、舞龙狮、打秋千、龙狮表演、打连湘、耍叉

① 乌丙安:《中国民俗学》(2版),辽宁大学出版社1999年版,第378-383页。

（三）徽州武术类体育

从史料记载和现有的调研结果来看,徽州武术项目较多、武术人才兴盛,武术典籍丰富,是全国为数不多的武术兴盛地区之一。相比而言,徽州武术渊源深远,地域文化特色明显,有着独特的风格,在历史的发展中表现出强大的生命力。但由于年代久远,很多武术项目谱系内容已经无法找寻。根据课题组的调查和文献查找,徽州武术拳种有拳谱记载的大致包括拳术类项目和器械类项目两个种类(见表5)。

表5　徽州武术类体育项目

种类	民俗体育项目
拳术类	方九五长拳、八仙拳、少林拳、岳家拳、五形拳、徒手岳家截手法
器械类	舞抽担、舞铁刀、梅花枪、六合刀、罗汉刀、滚趟双刀、徽州板凳术、八仙剑、徽州枪、徽州柴担、少林棍、腰带花

第二节　徽州节日庆典类民俗体育

一、叠罗汉

（一）叠罗汉项目的起源与发展

民间的叠罗汉活动,古代称"踏肩",是我国古代百戏的内容之一。徽州的叠罗汉是一项集力量、平衡、协调和表演于一体的民俗体育活动,明清时期流传于歙县旧宅村与叶村,太平天国运动后,旧宅村的叠罗汉失传,而叶村的叠罗汉则流传至今。叶村的叠罗汉活动起源于明代中叶,已有500余年的悠久历史,是一项极具地方特色的民俗体育活动。叠罗汉的起源自古至今没有准确的文字记载,据现年70岁的叠罗汉传承人洪允文先生介绍,叶村(今属歙县三阳乡)叠罗汉始于明末,据传明末年间,叶村西有一和尚寺,结构坚固,造型美观,环境幽雅,庄严雄伟。有一天,一位叫惠安的游方和尚(出家前爵位"解元"),在叶村村西和尚寺"挂单",极爱其寺环境清幽,就在本寺院扎根。惠安和尚入寺后,使"解元寺"门僧增至40多人。他们习文练武,培养了一批纯洁正派的佛教后代。"解元寺"从此香火骤然大盛,朝拜者络绎不绝。惠安为百姓排忧解难,除暴安民,打击盗贼,从而使叶村百姓百业兴旺,四季平安,生活富裕,叶村也因此享有"路不拾遗,夜不闭户"之美誉。

明末清初,社会动荡不安,盗贼四起,杀人放火偶有发生。叶村歹人奸淫掳掠,无恶不作。在这生死存亡之时,僧民们奋起抵抗,无奈寺卫寡不敌众,被敌方偷袭,"解元寺"被纵火焚烧,40多位寺僧,无一逃脱,"解元寺"毁于一旦。为祭祀惠安法师及众僧英魂在天安息,万古流芳,保佑叶村百姓平安吉祥,当地百姓决定每逢大年(闰月)的元宵节,以叠罗汉的民间杂技演出形式表示纪念,从而代代相传。

据目前所掌握的资料来推断,徽州的叠罗汉与徽州的目连戏之间有着重要的渊源关系。凡是重要节庆日,徽州人一般是以演戏来庆贺,也有因某人违反族规受到罚戏一台来惩戒。明代目连戏在徽州极为兴盛和发达,它起源于祭祀中的各种娱神活动,有着广泛的群众基础。徽州目连戏里有打堆罗汉情节,其中许多程式套路都与叶村叠罗汉套路相似。仅此虽不能认定叶村叠罗汉即源出于目连戏,但两者存在联系是客观事实。

自明代中叶至今,叠罗汉活动一直在歙县三阳乡叶村不断传承和更新,堆叠套路的动作由明清时的36式发展为今天的66式,无论在动作的数量还是表达的文化内涵上,都较原来有很大的发展和提升。

20世纪90年代初,叶村叠罗汉活动作为民间民俗文化的瑰宝应邀在歙县首届枇杷节上亮相,受到海内外商客的一致赞誉,至此,叠罗汉活动名声大噪。此后,每逢重要节日,黄山市及各县都要郑重邀请叶村人登台演出叠罗汉活动。如2002年应邀出演"黄山国际旅游节",荣获第八届中国黄山国际旅游节暨徽州文化节先进集体荣誉奖;2004年5月,应邀赴合肥参加徽园首届"安徽民俗文化节"演出;2005年11月,在第九届中国黄山国际旅游节及歙县徽州民俗文化节上荣获最佳竞赛奖。这标志着叠罗汉活动迈出了具有深远意义的决定性一步,表明叶村叠罗汉由"信仰性"向"竞技性"转变。叠罗汉现已被收入安徽省非物质文化遗产名录,并在中央电视台,省、市、县电视台频频亮相,《人民日报》《台湾民俗曲艺》《安徽日报》《黄山日报》等报刊先后报道叶村叠罗汉的活动,使叶村叠罗汉这一地方民俗体育一时蜚声中外。

2008年9月,文化部在福州举行第五次"中国民间文化艺术之乡"现场经验交流会,以叶村叠罗汉为特色的歙县三阳乡名列其中,三阳乡成为"中国民间文化艺术之乡",古老的叶村也被命名为"全国民俗文化村"。

(二)叠罗汉的活动内容与形式

叶村叠罗汉活动由村罗汉班(现称罗汉组)组织,罗汉头主持,活动分为四个部分,即罗汉扮演者、接牌位和"练谱"、游村、叠罗汉。

1.罗汉扮演者

叶村叠罗汉分为大小年,大年叫"大叠",小年叫"小叠"(大年即闰年,活动时间长,所有叠罗汉套路要演完,旅居在外的族人要尽量回村参加活动;非闰年即小年,活动套路可略减,旅外族人亦不一定要求回乡参加活动)。活动由村罗汉班的罗汉头主持。罗汉扮演者皆为男丁,先由村中族长在岁杪年初集中推荐,最终由罗汉头确定。罗汉头接到推荐名单,对被推荐者的年龄、力气、体重、灵敏度进行通盘考虑,然后向入选的罗汉扮演者发出"罗汉帖"。接到"罗汉帖"的男丁,深感荣幸,将帖供于堂前,届时参与。

2.接牌位和"练谱"

叠罗汉活动一般开始于每年农历正月初六,止于正月十六,为期11天,其中排练9天,正式演出2天。其间,罗汉们须禁房事。正月初六傍晚,敲锣鼓,放爆竹,罗汉头领众罗汉去"解元寺"(村人在原址重建的一座约3平方米的小庙)请罗汉老郎牌位。罗汉头领众罗汉焚香化纸参拜后,取下牌位,交由"尖顶"(叠在众罗汉最上层的小罗汉)捧着。接老郎牌位队伍回村时,村人执点燃之棒香夹道迎接,锣鼓、爆竹喧天,簇拥着将牌位安置在排练处的香案上。当晚,罗汉们开始按《罗汉谱》的66套程式套路进行"练谱",至农历正月初十结束。农历正月十一至十四为彩排阶段,所有罗汉皆赤膊,戴罗汉帽,束白布腰带,穿彩裤,绑老布山袜,唯不开脸。彩排时配上锣鼓,各程式套路连贯而行,一如正式演出。

3.游村

正月十五日,罗汉化妆游村,与其他配套活动进行,其队伍序列为:"尖顶"棒罗汉老郎牌位前导,锣鼓相随开路,接着是钟鼓形灯、滚灯、五兽灯、动物灯、人物灯、十二生肖灯、花草虫鱼灯。灯后是化妆的20~40人的罗汉队伍,游行队伍要游遍全村每一条巷,游到谁家门口,谁家要焚香放爆竹迎送纳吉。游村毕,即把罗汉老郎牌位供奉于戏台正壁香案上,焚香化纸燃烛如仪,接着是各种参游之灯依次登台分列左右,各罗汉手执一灯绕台三圈,谓走台。走台毕,叠罗汉活动拉开序幕,锣鼓声与僧侣法器音乐声迭相鸣奏,气氛非常热烈。

4.叠罗汉

叠罗汉分成上、下两段进行。

上段采用戏剧的表演形式。先是演罗汉,由12个罗汉分组出场亮相,表演几套拳脚功夫;后是"出菩萨",由道教护法王灵官、佛教护法韦陀出场,圆场扫台后,惠安法师、观音偕两童子上场,观音登殿后,18罗汉相继出场,拜过观音后分别打坐。这时,一老罗汉与两小罗汉上场,拜过菩萨与18罗汉后,开始拭面、扫堂、鸣钟、击鼓、诵经。最后,老罗汉用禅杖打桑椹给小罗汉吃,此谓"演老罗汉"。

下段为罗汉上场,进行堆叠。众罗汉戴头套、画脸谱,堆叠各种人体造型。如"童子拜观音",是由4个小罗汉骑坐在4个大罗汉肩上,向观音三拜即结束;"金鸡飞",亦是4个小罗汉改坐为站,摆出金鸡展翅欲飞的造型。接下来的表演不断增加了难度。如"挑担卖柴",一罗汉将一横卧罗汉扛于肩上,似肩扛"扁担","扁担"的一端悬挂一小罗汉,似扁担头上一捆"柴",挑"担"者旋转飞舞不停,既惊险又别致。"宝塔连"是10个罗汉围叠成宝塔形,并由此转为"仙人过桥",即由5个罗汉立作"桥墩",4个罗汉仰架于"桥墩"上,1个罗汉从"桥上"走过。走者踏过绵软胸脯,需提气、平衡,架桥者则运气于胸,被踏时屏息方可。此外,"普陀崖""莲花座""1柱至6柱牌坊""滚灯""荷花灯""双牛猛""蜡烛台""铜锣架""水帘洞""请酒侍宴""单戟双戟""秤砣""龙驹马"等66套程式套路(取六六大顺之意),皆各有巧妙,精彩绝伦。其中,从4个罗汉的"1柱牌坊"至21个罗汉的"6柱牌坊",气势磅礴,变化快捷,造型毕肖,令人叹为观止。

正月十六日,白天继续罗汉游村,晚上继续叠罗汉,其中一部分是正月十五未叠完的程式套路,即66套程式套路分两晚叠完。叠罗汉结束,观众散去,罗汉们在锣鼓、爆竹声中参拜罗汉老郎牌位,谓之"收台"。收台毕,送老郎牌位至"解元寺"归位,叠罗汉活动告一段落。

(三)叠罗汉的特征与价值

1.叠罗汉的特征

叠罗汉作为一项民俗体育项目,所展现的力量、技巧是其他体育项目无法比拟的。叶村叠罗汉的"叠",不仅仅是"站肩""骑脖"等简单的往上堆叠,还有伏、仰、卧、拉、撑、支等组合造型姿势,变化多端,妙趣横生。如"竖牌坊",惊险让人咋舌。各种堆叠,都凸现粗犷、阳刚之美,给人以极强的艺术感染力。

叠罗汉的技术动作是由各种堆、叠、拉等集体配合完成,它要求活动者具备较高的身体素质。参与者在此项运动中获得力量、耐力、平衡等的全面发展。叶村叠罗汉的66套程式套路中,大多与古徽州民间建筑、生活等有关,这反映了古徽州人民的创造精神。例如,徽州古塔、牌坊众多,叠罗汉中就有"1至6柱牌坊""宝塔连"等套路;农民常年离不开扁担,就有"挑担卖柴";与生活有关的有"树荷花""蜡烛台""秤砣"等;与神话有关如"水帘洞""龙驹马""石猴出山""刘海戏金蟾"等,群众年年看不厌。

作为一项民俗文化,叠罗汉活动的文化内涵也发生了变化,从最初的以驱邪娱神为主,发展到今天的以娱人为主,这项体育活动成为叶村民众文化生活的重要内容。它集民俗、艺术与体育于一身,具有极强的文化发展力和影响力。在社会发展过程中受到叶村社会及徽州文化的辐射和影响,表现出极强的地方文化特色。

2.叠罗汉的价值

从体育视角而言,叠罗汉是由人与人的堆叠而组成不同的造型,有些动作需要力扛千斤的力士方能完成,处在造型上层的人员若没有一定的平衡能力也是无法完成的。因此,在叠罗汉活动中,不同的造型动作不仅可以提高参与者的体能和平衡性,而且可以锻炼参与者的心理素质,培养参与者的团队精神。在现场采访中,被问到"为什么来参加叠罗汉活动"时,回答大多是"因为场面热闹,表演很精彩,还能和同伴交流,感觉很开心"。可见,叠罗汉不仅可以创造热烈的现场气氛,也可以满足百姓的情感需要,表现出极强的娱乐和竞技性价值,同时影响着人们的情感体验。

从民俗文化视角而言,叠罗汉在起源和发展过程中受到叶村独特的地理环境的影响,有着强大的教育凝聚功能,在建设社会主义和谐新农村中发挥着独特的价值。由于它的民俗文化色彩显著,可以对其进行文化旅游开发,为地方经济建设发挥作用。

二、大刀舞

(一)大刀舞项目的起源与发展

徽州许村,古名富资里,源于东汉,距今1800多年历史,位于歙县城北20千米处,现有古建筑22处,其中有廊桥、亭阁、牌坊等15处古建筑已经列入全国重点保护单位,许村因此而被列为中国历史文化名村。在每年的元宵节,许村村民都要举行一次规模宏大的大刀舞庆祝活动。大刀舞是一项集武术与艺术于一体的独具地方特色的民俗体育项目,有着一千多年的历史,它源于徽州的民间信仰和祖先崇拜,现已被列入省级非物质文化遗产名录。它由转、跃、翻、顶、扑等动作组成,意在驱邪纳福、祈求风调雨顺,体现了徽州人崇武尚武和崇尚正义的民族精神,是忠烈与壮举的解释,更是武术与艺术的完美交融,凝聚着许村民众千百年的聪明和智慧。遗憾的是,这一有着厚重文化底蕴的民俗活动无论是从文化艺术或是体育角度都没有得到挖掘和整理,还处在自然传承状态。因此,对该民俗体育项目进行田野考察和文化学解读,可以使这项具有厚重文化底蕴的地方文化被更多的人了解和接受,从而进一步得以保护和传承。

许村大刀舞历史悠久,据现在的传承人介绍,大刀舞是为了追怀他们的祖先——唐代的忠义公许远。许远是唐代的一位军事将领,精通兵法,智勇双全,并自创了一套许家刀法,刀握手中出神入化,犹如火蛇之舞,虎虎生威。安史之乱爆发,睢阳不少官员非逃即降,在安广绪23万叛军压境的危急关头,太守许远与援军主帅张巡誓死守城。许远凭借超群的刀法,冲锋陷阵,只身杀敌数人,最终以身殉国,他的爱国精神与忠烈壮举先后得到从唐至清的23位皇帝褒奖。五代战乱时,许远之孙许儒举家由河南几经迁徙最后迁至徽州黄墩进而迁至许村定居,繁衍生息,家族日益兴旺。为缅怀先人,教育后人,更不让许家刀法失传,许氏后人遂定于正月十五忠义公许远纪念日的晚上,由许氏所有宗祠派出一支舞刀队,执着两丈高的大刀,在村中十里长街来回舞个通宵。此后,大刀舞成为许村必不可少的一项民俗活动,并代代相传,形成了奇特的大刀舞习俗,一直流传至今。

抗战胜利之时,许村就派出舞刀队队伍步行几十里赴屯溪表演,其精彩的演出为庆祝活动大添色彩,表达了徽州人民同仇敌忾的意志和胜利的喜悦。"文革"期间,大刀舞被指为"四旧",禁演挨批。"文革"以后,该项民俗体育活动才得以复活。中华人民共和国成立30周年的庆典上,许村派出大刀舞队参加歙县县城的庆祝活动,一时万人空巷。20世纪90年代以后,许村大刀舞作为一项民俗活动多次参加省、市、县民俗表演,受到国内外民俗学家的高度评价,堪称徽州一绝,并在第二届、第六届徽州古城民俗文化节上亮相,一时蜚声中外。

(二)大刀舞的活动内容与形式

1.大刀舞的装备与人员组成

许村大刀舞的装备按照出场的先后顺序分为:彩旗、长钱、小刀(小号刀)、大刀(大号刀)、锣鼓。彩旗1竿,由1人执把;长钱4串,每人各执1串;小刀共8杆,每杆长3米,重20余斤,每人持1杆;大刀共1杆,长10米,重100余斤,由7~9人共同操作;锣鼓2对,每对锣鼓由2人抬行,前者手提锣在前敲打,后者双手各执1棒边走边打鼓。其他参与人员包括:领队1人,领队由村中德高望重的长者担任,他是整个活动的领路人;承担各项杂差的有10多人。这些组成人员除了领队以外均由村中身强力壮的许姓男丁组成,表演者均穿红色,衣服类似于古代的战士服,头扎红色头巾,腰系2尺余长的黄色腰带。

大刀和小刀均选用柢、稍悬殊不大的整根毛竹制作,稍部剖开轧成刀状,内点数根蜡烛,外糊白纸,彩绘各种寿星和历史英雄人物图案,并以各种花草鱼虫做点缀,柢部插一杉木作刀柄。长钱的顶端扎成蝙蝠状,下端扎成元宝状,每一元宝内各点一蜡烛,元宝外写上"风调雨顺五谷丰登、人杰地灵物华民康"等字样。

2.大刀舞:兴刀、游刀、舞刀

许村大刀舞由兴刀、游刀和舞刀三大表演组成。大刀舞活动一般开始于每年正月初八,止于正月十五,为期八天。其中兴刀与游刀排练6天,正月十五游刀和舞刀,其间各参演者须禁房事。

兴刀。每到正月初八,由村中年轻人敲锣打鼓挨家挨户召集村民,手捧"许远大王位"的红纸牌位,在爆竹和锣鼓声中到许村祠堂,立起牌位后,一起下跪祈祷:"我村今年敬神舞刀,恭请神灵保佑风调雨顺、国泰民安。"众人在焚香化纸参拜后,将牌位置放于祠堂。祭拜后,由村长牵头成立舞刀队,并挑选参加大刀舞活动的表演人员。正月初九至十四各参演人员开始按照大刀舞的活动程式进行排练,这一过程称为"兴刀"。

游刀。正月十五上午,舞刀队开始游村。当全村响起第一次锣声,村民纷纷奔向祠堂,做好各项准备工作。不久第二次锣声响起,舞刀队由祠堂开始出行游村,一长者在前引路,一人扛着写有"许村大刀舞"的彩旗紧随其后,之后是4人各持一串长钱,挂长钱的细竹竿顶部留有一蓬竹叶,预示"四季常青",接着是8人各持1杆3米长的小刀、9人共同抬着1杆10米长的大刀以及锣鼓从宗祠鱼贯而出。执刀者和锣鼓手在鞭炮声中边行边跳,形似舞蹈。紧随其后的是蛤蜊、旱船和各色鱼灯,丑扮的老渔翁分别以各种滑稽动作表演着,引得观众阵阵欢笑,其动作有望花和模仿牛、羊、马、兔等,穿插其间助兴。其游行的路线是:由许氏宗祠当街而下,路经各家各户再返回社屋盘龙结束。整个游行队伍长达数里,所经之户均要燃放鞭炮,预示纳祥接福,活动一直持续到下午,约两个小时。游刀活动将许村春节喜庆推向高潮。

舞刀。正月十五傍晚,舞刀队按照游刀出场的顺序先后来到许村古建筑——八角亭前的广场,进行舞刀表演。舞刀表演分为上、下两段,上段以舞小刀为主,下段是舞大刀,小刀配合。舞刀时,锣鼓喧嚣,4串长钱分别立在场地的四角,写有"许村大刀舞"的彩旗立在场地中间。舞小刀时,大刀立于场地中央,八竿小刀围着大刀走阵,边走边跳边舞。走阵类似于军队出征和战前的布阵,其阵势主要有"八卦布阵""白刃翻飞""金蛇狂舞""锋芒众砺"等。舞小刀时,不停地变换着队列队形,似如万马千军驰骋战场,让观者感到身临其境。下段舞大刀时,最高潮应属"大刀割麦",是将大刀舞动成割麦的样子舞动一周(360度)。大刀舞动结束后,舞刀队要到本村宗祠还福,整个活动结束。

(三)大刀舞的特征与价值

1. 大刀舞的特点

作为一项民俗体育活动,许村大刀舞既是一种民俗现象,又是一种社会文化现象。它不仅具有民俗的集体性、传承性、规范性等一般特征,在社会文化的器物、行为和心理上也有着自己特有的文化特点。

大刀舞是在徽州许村这一特定的自然和人文环境中形成并传承和发展

的。独特的自然环境为大刀舞活动的形成和发展提供了物质基础,而许村的生产劳动、生活方式对大刀舞的发展起着决定性作用。

许村川谷崎岖,峰峦掩映,山多而地少,自古人杰地灵,英才辈出。受多山地理环境的制约,许村村民创造了适合林业生产的生产工具。生产工具在一定程度上决定着社会结构和人们的社会意识,在其他因素保持不变时,文化发展程度与所用工具的效率成正比例关系。受生产方式的影响,许村大刀舞所使用的器材均取材于当地林木,刀与长钱的制作更是体现了山区林农文化的特点。

受人文环境的影响,大刀从纪念祖先而舞渐变成今天的竹制大刀,大刀舞动的文化内涵也发生了变化,其中"大刀割麦"充分表达了村民祈求谷物丰收的愿望。在舞刀过程中,9人的集体协调配合、小刀的武打动作与大刀的协调配合将许村的农事生产与武术融为一体,场地内外表演者与观众的内外呼应均充分体现了许村地域社会的文化特色。

徽州在历史上是个典型的宗族制社会,素有"东南邹鲁"的美誉,尊祖现象较其他地方为重。现今许村仍保留着聚族而居的文化传统,尊祖现象一直延续至今。作为许村一项特殊的集体活动,大刀舞形成于许村特定的社会关系之中。大刀舞起源于对祖先许远的怀念与崇拜,推崇的是集体精神和对一切真善美的追求。所有的表演人员均是许姓男丁成员,活动的程序也是尊卑有序。在考察中,许村人均认为此项活动不能外传,否则被认为是对祖先的不孝,会给自己和家人带来灾难。这些相对统一的行为模式较为集中体现了社会调控的需要,并作为一种文化手段调控着社会关系。可见,大刀舞带有隆重的地方宗族性色彩。

马林洛夫斯基认为,文化心理存在的基础是人的需要。作为一项民俗文化,许村大刀舞的传承与发展集中体现了广大民众的集体需求,同时又协调和观照着民众的集体心理和生存的需要。大刀舞在许村传承了一千多年,有着丰富的文化内涵,体现了许村民众集体的智慧和创造,更是民众价值观念、审美心理和宗教信仰整合的结果。作为大刀舞这项民俗体育文化传承主体的人,不仅生活在物质环境中,同时也生活在精神世界中。大刀舞活动心理的物化表现为"兴刀"的仪式行为、舞刀活动行为和艺术创造行为。

在大刀舞的"兴刀"仪式中,民众期望通过仪式,祈求祖先神灵保佑,满足某种愿望,求得心理平衡。"大刀割麦"饱含了民众有求祖先保佑其农事生产风调雨顺和五谷丰登的民俗心理。大刀上的图画和符号,给人以美的享受,体现了民众的审美心理和创造智慧。从现实的角度来看,正月正是村民闲暇之时,节日之际,大刀舞活动可以给节日中的人们带来无尽的乐趣,使村民从紧张繁忙的生活和劳作中获得心理上的轻松。大刀舞民俗活动体现着许村民众的生产和生活方式、行为模式和文化心理结构,凝聚着许村人根深蒂固的心理认同和情感体验。

2. 大刀舞的价值

在国内,有关大刀舞的记载和研究寥寥无几。从记载和现实态的田野考察来看,大刀舞是许姓村民自发的一项民俗体育活动,以此表达对祖先许远的纪念和崇拜,蕴含着许村儿女爱国忠义、奋发向上的精神和对美好生活的向往,是人们推崇居功不傲美德的具体体现,真切表达了人们尊重历史、追念先人、报本反始的意识。因此,许村大刀舞活动有着深厚的文化积淀和广泛的群众基础,它所具有的文化资源为其推广和传承提供了广阔的发展前景。

大刀舞在传承和发展过程中,其内容、结构、形式保存着原有的地方民俗和社会地域文化的基本特征,伴随着社会的变迁,其文化内涵也在不断丰富和发展,已经成为一项独具特色的民俗体育项目。它是地方民俗、社会文化与传统体育的完美结合体,展示出独一无二的风采,为地方民众提供了重要的交流平台。因此,许村大刀舞一旦进入公众的视野,它强大的人文色彩和深厚的文化底蕴为我国民族传统体育注入了新的活力,将促进全民健身运动的广泛开展,对当前和谐社会主义新农村建设发挥重要作用。

民俗体育"往往能够成为历史的风向标、时代的晴雨表、社会的温度计,在很大程度上为人们展示历史的风貌和再现时代的印迹"[1]。许村的大刀舞是一颗根植于徽州社会历史土壤中的种子,是徽州文化大厦的重要基石,它的社会历史价值主要体现为它所蕴含的丰富的历史文化信息。大刀舞作为特殊的民俗文化现象,是在一定的历史条件下产生并传承下来的,作为社会历史的产物,它反映了当时许村的自然生态和社会状况,是社会实践和文化的活态表现形式。其历史文化价值体现在如下三个方面:一是许村大刀舞

---

[1] 周伟良:《中华民族传统体育概论高级教程》,高等教育出版社2003年版,第41页。

是在重要的历史事件"安史之乱"和重要历史人物"许远"的基础上形成的，这一历史事件和人物对许村大刀舞的传承和发展起到了至关重要的作用，它可以间接地反映这段历史，成为历史文化的重要载体；二是许村大刀舞的活动组织形式、器材装备等都体现了许村的社会生产、生活方式、思想观念和民俗民风，它是许村社会生活中影响较广泛的社会实践活动；三是许村大刀舞是以民间口传的方式存在的非官方的活态的体育样式，它可以弥补正史典籍的不足，有助于更全面地认识徽州历史和文化。

大刀舞流传至今，已不仅仅是许村人每年元宵节期间的文化盛宴，近几年来也走出了大山，成了黄山市文化旅游活动的特色项目，先后在澳门和杭州经贸会上表演，经中央电视台和地方媒体的报道和宣传，成为蜚声祖国大江南北的文化珍宝。

许村大刀舞凝聚着丰富的历史内容和文化内涵，它与其他地域的民俗体育迥然不同。据相关报道，到各地旅游的人，有80%以上是为了来了解当地文化和满足审美情感的需求。大刀舞作为一项独具特色的文化载体，在理论和实践中都应是文化资源的重要部分。就观赏性而言，大刀舞表演者的服装、造型以及器材装备都表现出独特的艺术观赏性。如表演者的服装色彩艳丽，表演中的各种造型独特、人员的队列变化多端等给人以赏心悦目的感受，不仅大刀舞的活动形式引人注目，而且其内在意象也是妙趣横生，引人入胜。这些独特的艺术性在很大程度上可以满足人们的审美需求，对其进行旅游开发，必将带来可观的经济效益。

三、打秋千

(一)打秋千项目的起源与发展

打秋千是徽州的民俗体育项目之一，清代在歙县许村、深渡及三阳一带开展。20世纪50年代以后，许村和深渡已经不再开展此项活动，三阳乡三阳村的打秋千活动一直传承至今。

最早流行于徽州的打秋千活动起始年代不见史料记载，三阳村打秋千起源于民间的农事生产和信仰民俗，是民间观音会的活动内容之一。观音会是徽州诸多的迎神赛会之一，据三阳村的老人介绍，行观音会能保五谷丰登、人畜平安，有镇妖驱邪的作用，尤其是女人在会期内拜了观音，能保佑早孕珠胎。由于徽州各地农事生产变异不一,观音会的开展时间也不相同。许村在观音会中接的是保稻观音,时间选在每年的季春三月十九;而深渡、三阳村则选在九月十九,传说,九月十九日是观音成佛的日子。做会时,要到村头观音庙接观音牌位,并抬观音菩萨佛像游村,打秋千即是游观音时的体育表演活动。中华人民共和国成立后,观音会已不再开展,但打秋千活动还是保存了下来,并在每年的元宵节期间自发开展。

徽州的打秋千项目,与单人娱乐的"荡秋千"有着很大的差别。三阳的秋千架与许村的相同,与深渡的稍有不同。三阳打秋千,是一个村子数千人的集体行动,它有特制的秋千架。秋千架不是固定不动的,而是木制底盘架,丈余高,下安四个木轮,架腰扎两杠。底盘架中央竖两根木柱,两木柱之间支一十字架,十字架四端用绳索各悬秋千板一块,其中一块是铁板,停止转动时起稳定作用。底盘架四边用细竹支起小巧玲珑的彩篷,遮于十字架上方,底盘架及彩篷皆装饰精致、华丽。这种犹如四个小型秋千的组合,可以坐上四个孩童,他们分别穿着白、红、绿、紫四种颜色的服饰,秋千架游走过程中,里面的十字架也在不停地转圈,像风车一般,让四个孩童轮换着在正面出现。停止转动的时候,出现在正面的就是白衣童子了。深渡的秋千十字架,外围是截圆之木,如一硕大的车轮,当地俗称"风车",在圆轮木上均匀地悬吊十二块秋千板。其他部分构件与三阳、许村秋千架大体相同。1956年,作为独具特色的民俗活动,三阳打秋千参与歙县县城的文化节演出,获得好评,50年代末停止演出,80年代中期后逐渐恢复。现每年的元宵节时,打秋千成为三阳人重大的体育文化盛典。

(二)打秋千的活动内容与形式

1.活动人员的确定

三阳打秋千的活动形式别具一格。表演人员分为秋千姑、行香班、地戏班和站肩班。坐在秋千架上的名为秋千姑,是村族选定的四名10岁以下的女童(1955年以前用男童),各穿白、红、绿、黄色衣裤,发际插钗戴花,头上披一道与衣裙同色的彩绸,并饰有彩绒花一朵,脸涂胭脂。穿白色的为观音,其余为观音侍女,因此,旧时各家都争着让自己的孩子扮观音,只好抽签确定,现在扮演观音的人员是按照各家捐资的多少来确定。被选中的人家都会为自家孩子被选上打秋千而自豪,从而不惜花费重金为孩子制作服装,购买首饰,尽其可能打扮得漂亮些。此外,打秋千是大型高架活动,须许多大人配合、照料,因此,选上打秋千之家还得破费助资,或自雇人帮忙。未选上打秋千的孩子中8~15岁的参加地戏班;5~7岁的参加站肩班(穿戏剧服装,站于大人肩头);2~4岁的参加行香班,手执一炷棒香,由大人抱着走。

2. 打秋千的活动形式与方法

正月十五日下午,打秋千活动队伍开始游村。游村时,队伍序列为:行香班在前,站肩班随后。驮孩子的大人行进时双手抱孩子双脚,另有一人持红盖伞,一人执一月牙形木叉跟随,队伍停下时,以木叉斜撑孩子的胸腰,供她休息。接着是地戏班和秋千架,最后是文武场乐队。四名观音及其侍女分坐在秋千架的秋千板上,腰间彩带固定在吊板索上,坐悬铁板的对端为扮观音者的座位。十字架转动停止时,以铁板的重量下坠,使观音保持居高临下的姿态。行进时,以锣鼓助威,众人簇拥在两腰杠边,或拉或推,驱动秋千架前进,平路边行进边转动十字架,拐弯或上路阶,改推拉为人抬。到村街宽敞处或坦场,即停下秋千架,奏响管弦乐,观音与侍女开始演唱昆腔、徽调时曲,主要有《采莲》《赏荷》《采桑》《普陀庵》等十套。间或边转十字架边唱,间或转转唱唱。只见上转如嫦娥舒彩袖而奔月,下转如花团锦簇而纷飞;音带吴侬软语,歌似出谷娇莺,十分娱目、动听。如果说叠罗汉洋溢的是粗犷阳刚之气韵,那么打秋千逸发的就是精美雅致的风采。

(三)打秋千的特点与价值

打秋千是徽州独有的一项民俗体育活动,是仍然传承至今的体育项目,是人们喜闻乐见的集体活动。每当打秋千时,全村及周边村落的男女老少前来观看,在锣鼓的助威下,场面热烈,万众欢腾。打秋千不仅满足和丰富了民众的文化需求,对于参与者来说也锻炼了体魄,提升了集体配合的能力。

打秋千不仅彰显了体育的魅力,也寄予了三阳人对美好生活的向往和期盼。打秋千活动可以凝聚三阳人的宗族情感,使徽州的历史民俗文化得以传承。它所具有的健身性、娱乐性、民俗文化性等特点,对繁荣地方文化生活、提高地方经济发展和扩大地方影响力具有广泛而深远的意义。

四、耍钹

(一)耍钹项目的起源与发展

耍钹是徽州独具特色的民俗体育活动之一,有悠久的传承历史,其起始年代不详。据歙县武阳退休干部方九五老人介绍,耍钹相传旧时由江西龙虎山道士传入徽州,是旧时徽州五猖会中做道场的技艺,迄今近600年历史。耍钹虽是一项道士技艺,但旧时徽州的五猖会较为盛行,做道场活动频繁,故耍钹在徽州民间广泛存在,影响很大。

五猖会是旧时徽州祭祖敬神庙会之一。庙会期间一般都要进行大型的娱乐活动,以达到既娱神又娱人的目的。耍钹和跳五猖是五猖会期间必须进行的民俗体育活动,其中耍钹是由道士来表演。

20世纪40年代,由于徽州社会结构发生了重大变化,五猖会渐渐退出了人们生活的舞台,耍钹活动也逐渐消亡。到20世纪80年代,徽州能耍钹的唯歙县武阳方德发(1920—1991)一人。新《歙县志》称方德发的钹技为"皖南一绝",曾参加歙县民间艺术节调演,获大奖。安徽省民间舞蹈集成办公室曾两次为他的表演录像存史。

(二)耍钹的活动内容与形式

钹的外形似锣,耍钹时,道士将五猖神像(有的地方用纸扎)置于坦场中,分东、南、西、北、中五方排列,东方为青帝(风猖)、南方为赤帝(狂猖)、西方为白帝(毛猖)、北方为黑帝(野猖)、中央为黄帝(伤猖)。经过一番法事仪式,即打锣鼓、伴奏唱经,开始赞好话:"保佑弟子,四季平安,万事亨通,春多吉庆,夏保康宁,秋有丰收,冬无患难,多福多寿,添财添喜……"焚香化纸后,在爆竹、锣鼓声中,道士登坛,开始耍钹、耍盘耍碗、舞枪弄刀等,时而双手单掌吸钹,上举下提,悬而不坠;时而双手单指旋钹,一横一竖,纵横飞舞;时而双钹上抛,凌空击打;时而踢钹飞旋,翻身抢接,招招惊险,却又妙在取胜于毫发之间。套路动作有"单飞蝶""双飞蝶""单蛇钓鳖""蜜蜂进洞""滚钹""龙戏水""海底捞针""旋钹""双钹齐舞""刘海戏金蟾""跷脚金鸡"等,所展现的是五猖具有的技能。

(三)耍钹的特点与价值

旧时的耍钹是与祭祖敬神分不开的,主要是为了娱神从而获得祖先神灵的护佑,带有较强的神秘性。中华人民共和国成立后,徽州的耍钹活动已经从社会信仰体系中逐渐分化出来,成为一项相对独立的民俗体育项目,具有很强的观赏价值,能锻炼人们的身体和意志,增强民众的凝聚力。

五、龙狮灯

(一)龙狮灯项目的起源与发展

龙狮灯是依托儿童地戏而开展的一项民俗体育活动,起始年代不详,现已基本失传,唯歙县杞梓里仍有老人可以描述此活动。杞梓里的龙狮舞兴起于杞梓里的民间信仰。旧时因这一地方的儿童经常得麻痘病,传说凡参加这一活动者,可保一年不出麻生痘,故村中各家各户每年春节组织龙狮灯活动以祈求平安。

所谓龙狮灯,是将所表演人物的战马、兵器、道具、旗幡杆顶等都扎成纸灯,再配合舞龙狮表演。活动从组织到开展等由村民推选的"灯头"负责。杞梓里有村头东南隅、村尾西北隅两个灯场,每年各推选两至三名灯头管事,负责募捐、组织扎灯、出灯等有关事项。村头和村尾的出灯日期不同:东南隅正月十二日开始,十九日收灯;西北隅正月十三日开始,十八日收灯。

(二)龙狮灯的活动内容与形式

正月十二日开始出灯,队伍浩荡,规模壮观。

正月十五日、十六日两天,白天增加地戏,入夜场继续出龙狮灯。这两夜灯散后,村头东南隅灯场转舞龙活动,村尾西北隅灯场转舞狮活动。

在锣鼓、爆竹声渲染下,龙灯自上而下、狮灯自下而上对舞入村,村中各家各户点烛焚香,开大门接纳祥瑞之气。若有人家放爆竹迎接,龙即在门外绕宅而舞,由二人执龙牌灯进门。执龙牌灯者从灯内取两支已燃之烛,插入主人家堂前烛台上,主人家另换两支新烛插入牌灯,然后送米糕、红纸包酬谢。而狮子则直接舞进人家堂前,把狮头搭在八仙桌上,张开大口,吐出两蜡烛,主人取了插入烛台,亦回赠两支蜡烛,并有米糕、红纸包谢仪。如此循环,走了一家又一家,当然需主人家放爆竹迎接,不接者不入其门。龙、狮途中相遇,要会舞一番,始各走其道,全村游毕散去,龙狮灯结束。

(三)龙狮灯的特点与价值

徽州杞梓里的龙狮灯是将体育活动融入地方戏和祭祀活动中,活动的形式多元,内涵丰富,成为民间重要的祭祀和娱乐活动。活动器材制作精美,色彩夺目,场面与规模都十分壮观,极大地增强了观赏性与娱乐性,集中反映了徽州的地域特色,体现了徽州文化的个性和精神面貌。这些综合性活动有较高的观赏价值,既可以锻炼身体又可以弘扬徽州文化。

六、跳竹马

(一)跳竹马项目的起源与发展

跳竹马活动是歙县岔口镇周家村等地流传的一项传统民俗体育项目,距今已有500年历史。活动源于三国时期刘备送谋士徐庶去曹营的故事,民间老艺人将徐庶传授作战阵法给刘备、关羽、张飞、赵云等将军的故事用跳竹马形式编成"龙门阵""文武梅花阵""铁壁合围阵""五子登科阵""赤壁铁索网阵""四面埋伏阵""耙子珑阵""腾云驾雾阵""一字长蛇阵"等阵法来表演,传承至今。后经村中人以游跳竹马活动来祭祀活菩萨关公,经过演变逐渐形成了集跑马、布阵和穿花为一体的跳竹马民间体育项目。对周家村跳竹马的起源以上只是传说,根据所掌握的资料来推断,周家村跳竹马的起源与徽州的民间英雄信仰有关。徽州是个多神信仰的地域,对历史英雄的崇拜尤为普遍,其中对关公的崇拜与信仰极为隆重,徽州各地均建有关帝庙,周家村也不例外。

据村中老人介绍,跳竹马活动自清代至民国时期在村中不曾间断,中华人民共和国成立后停演,80年代后期复出,当今活动的规模比旧时要小。

(二)跳竹马的活动内容与形式

竹马由各家自制,由两节组成,用竹子做支架,扎成马首、马尾形状,糊上纸、布等,外有彩绘,内燃烛火,造型特别,色彩悦目,并将前马首后马尾系在表演者的身上。跳竹马的表演者均为村中青少年,打扮成三国中的刘备、关公、张飞等人物的样貌。

正月十五入夜,各户竹马到祠堂集中,由头首插上点燃之烛,然后列队出行。整个活动由40多人组成,着黄色服装,系约两米长红色腰带。骑在两匹红色竹马上的是手执令旗的书生,骑在两匹白色竹马上的是顽童模样的小丑,骑在两匹黄色竹马上的分别是村姑和青年。接着就是浩浩荡荡的马灯队了,马灯队后面是一个戴面具化装的"老妖婆",当地人称"大头鬼";跟在其后的是蛤蜊姑,挑着一担纸扎的水桶灯;最后便是尾灯。

锣鼓声中,爆竹燃起,马灯队开始出行。随着各种不同的步伐,竹马表演队伍迤逦起伏,远望如一匹匹骏马飞奔,马颈间铃声响成一片,气势壮观热烈。马灯队边游边跳,游村一圈后在热烈的爆竹声中解散。人人解下纸扎马灯,放火焚烧,意喻愿望达成。然后人从火堆上跳过,此时表演者各自卸妆,活动结束。

(三)跳竹马的特点与价值

跳竹马是徽州独具特色的民俗体育项目之一,它的活动场面与规模盛大,娱乐性、表演观赏性特点突出。活动时周边邻村均来争睹盛况、助威呐喊,可谓人声鼎沸、万众欢腾。跳竹马以三国中的历史人物为中心,体现了徽州民间民俗的信仰特点,富含历史文化信息。跳竹马所彰显的文化魅力对满足人们日益增长的体育文化需求起着不可代替的作用。跳竹马过程中,表演者需要不停地变化阵形,运动量较大,需要有很好的体力方能胜任。同时,跳竹马是一项大型的集体活动,需要各户协调配合,对协调人际关系有着重要作用。跳竹马活动围绕着历史英雄人物"关公"而展开,体现了修身、齐家、治国、平天下的儒家思想,蕴含了为国尽忠的传统美德,在年复一年的跳竹马活动中,人们不断从中得到熏陶和教育。

七、板凳龙

(一)板凳龙项目的起源与发展

龙是我国民间普遍崇奉的吉祥图腾,徽州人对龙的敬仰与崇拜是他方无以比拟的。徽州人崇龙表现有二:一是在生活器具上雕刻各种龙形,还以龙来命人名和地名;二是民间的各种独具特色的舞龙活动。徽州民间舞龙活动以其制作材料来划分,主要有板凳龙、纸龙、布龙和草龙四种。其中,板凳龙最具地方特色。由于山地易旱缺水,村民通过舞龙来实现降雨、防火、风调雨顺等美好愿望,于是,自宋代起,徽州板凳龙活动在每年6月份水稻需要灌溉时开展,一直流传至今。2008年,徽州板凳龙被列入安徽省非物质文化遗产名录,自此板凳龙活动进入了快速的发展期,经常走出村落参加省、市文艺汇演和各类商业演出,深受民众喜爱。

（二）板凳龙的活动内容与形式

板凳龙由龙头、龙身、龙尾三大部分组成。龙头与龙尾部分皆以竹子编制内架，外用纸包装后彩绘，龙头写"王"字，内置多支蜡烛，龙尾呈三叉形，绘有彩鳞，形象逼真。龙头与龙尾由宗族集体出资制作，平时敬放在祠堂内供春节之用。龙身是由板凳面构成，是由村民自行制作。舞龙时村民各家出一条板凳，板凳面首尾连接，板凳面上装有与村民户数一致的红灯笼，寓意人丁兴旺。龙身的制作费用由村民各家自行负责。

舞龙开始前要先进行接龙仪式。接龙由族长带专人在锣鼓声中到祠堂迎龙头和龙尾，待村民各家到齐后，在族长的口令下村民按照房头辈分依次组接龙身，最后接上龙尾，每接好一节龙身，舞龙者都要齐呼"接龙啰"。接完毕后舞龙者点燃红灯笼中的蜡烛，此时锣鼓鞭炮齐鸣、焰火冲天，舞龙队伍按照祖辈流传下来的固定路线沿着村路游经每家每户，再回到祠堂前广场准备盘龙表演。

盘龙表演意味着舞板凳龙已经进入高潮。当游龙结束，表演队伍进入祠堂前的广场时，锣鼓声顿时大作，欢呼声响彻，龙头中安放的焰火龙头在师傅的操作下不停地喷出流星，这称为"玉龙行雨"；接着，龙头从场地中央穿腾而出，龙身在前后高低起伏中犹如漩涡波浪依次盘旋，这称为"神龙出海"；随后，龙头上翘，龙身随舞者伏地翻转，这称为"地龙望月"。在队形造型上，有曲腰形（龙身左右扭动的"8"字形）、"元宝形"、"万"字形等。队伍时而左奔右突，时而跌宕起伏，神似一只腾挪翻飞的灯龙神蛟，让人目不暇接。

盘龙结束后即要进行拆龙，龙头与龙尾拆下后送入祠堂供奉，龙身拆下后由村民自带回家，以备来年再用。至此，活动结束。

（三）板凳龙的特征与价值

徽州板凳龙起源于神灵信仰，是我国龙文化的重要组成部分。在板凳龙形成过程中，经历了从取悦神灵到取悦村民的转变，其关系着全体村民的共同利益，从而成为集体的共同事务。板凳龙活动能够提高集体凝聚力，促进思想交流和情感沟通，不断强化集体的信仰。同时，徽州板凳龙活动具有很高的观赏价值，又能锻炼表演者的身体和意志，起到振奋精神、激励集体合作团结的作用。

八、抬阁

(一)抬阁的起源与发展

汉代皇帝禁宫内设有尚书台,尚书直接辅佐皇帝以处理政务。台阁是古代公府的称谓,是尚书省的别称。到宋代,抬阁已经演化为一种游艺活动。宋代周密在《武林旧事》中有言:"户部点检所十三酒库,例于四月初开煮,九月初开清。先至提领所呈样品尝,然后迎引至诸所隶官府而散。每库各用匹布,书库名高品,以长竿悬之,谓之布牌。以木床铁擎为仙佛鬼神之类,驾空飞动,谓之'台阁'。"①

台阁活动传入徽州的年代不详。约在明清时期,这种游艺活动与徽州台戏相结合,产生了徽州抬阁民俗体育活动。旧时凡是在大型的地方庙会期间,皆要举其事。"万历二十七年,休宁迎春,共台戏一百零九座,台戏用童子扮故事,饰以金珠缯彩,竞斗靡丽,美观也。"②台戏即抬阁,当时盛况由此可见一斑。据民国《歙县志》载,明季抬阁盛行于岩镇。每逢皇帝登基、庆寿大典,乃至大(闰)年元宵节,岩镇即推举首事、执事人等,动员各大户借出家藏之簪珥巩环、珍珠玉带,招奇思巧构、艺业精通者,在街道两旁用彩线、金银丝缀垒成座座亭台榭阁,并按历史典故,用珠环缀成兵马人物,神形俱肖,错落其间,凸显静中动感。以饰物缀垒抬阁活动,大约延续至明末,因时局不稳,怕盗贼乘机劫掠珠宝,众议遂止,未再复兴。

歙县抬阁,流行于王村、上店、双塘一带,民国初由屯溪隆阜引入。在除"四旧"时期,此项活动被禁演,20世纪90年代复出,多次在歙县民俗文化节上参演,深受人们喜爱,现已成为市级非物质文化遗产。

(二)抬阁的活动内容与形式

以孩童妆饰戏剧人物,立或坐于特制的抬阁上,以木轮推动或以人肩行者,俗称"抬阁"。阁由木架构成,其大小与民间方桌面积一般。阁由正方形阁箱和阁头、阁柱、阁脚组成,阁箱面铺木板,中间设三道横梁,并凿有多个方孔,用于插入抬行的栅柱。

---

① 周密:《武林旧事:插图本》,李小龙、赵锐评注,中华书局2007年版,第80页。
② 赵吉士:《寄园寄所寄》卷十一《泛叶寄·古老杂技》,周晓光、刘道胜点校,黄山书社2008年版,第872页。

抬阁活动开始,大人们抬着方阁沿着村中固定路线行走,阁中的人物表演地方戏剧故事,方阁中的饰演人物一般为8岁左右孩童(民国前皆用男童),孩童们打扮成诸如《白蛇传》《武松打虎》《西游记》等戏剧故事中人物模样,不唱不说,只注重造型打扮,手执与角色身份相配的道具。抬阁活动在游村时配有锣鼓鞭炮,村中众人跟随欢呼,甚是热闹。

(三)抬阁的特征与价值

抬阁是徽州每逢春节皆要举行的一项民俗体育活动,其最大的特点是具有很强的娱乐性和观赏性。活动时,多种人物造型让观者看得眼花缭乱,尤其是阁由人抬着行走,主体形象高高在上,远望更有气势。灯彩、道具使表演人物明暗相间,五彩斑斓。在夜幕四合下,远看人物如从天飘落,阁体如海上蓬莱仙境;近看人物微微起伏,如乘花舟游弋于湖面,美不胜收。

徽州的抬阁充满喜庆的气氛,此项活动可以起到沟通情感、娱乐身心的作用,能够为地域文化的交流和传播搭建桥梁。

九、嬉鱼灯

(一)嬉鱼灯项目的起源与发展

嬉鱼灯活动主要盛行于徽州汪满田村。汪满田,地处歙县东部40千米处溪头镇的深山区,有汪、程、叶三姓,其中以汪姓为主,村民隔河沿岸聚居。据汪满田村嬉鱼灯的传承人汪大有介绍,嬉鱼灯活动肇始于清光绪初,旧时村中木架屋时有火灾发生,有风水家言,祸根乃村西光滑大石塌——"火镜"所致,程姓、叶(枼)姓屋尤易起火,因"程""枼"或"禾"旁或"草"顶,容易起火。如程、叶屋起火,汪姓自也殃及,遂以支堂房派为单位,兴嬉鱼灯会5个,每年正月十三至十六日,以嬉鱼灯游村,滩花戏水,以水克火,当地人称为"嬉鱼"。

嬉鱼灯活动自清代至今在汪满田村传承,除"四旧"时期停演外,从未间断。每年的春节期间,汪满田村自发成立鱼灯会,组织一年一度的嬉鱼灯活动。现今嬉鱼灯已经发展为徽州人喜闻乐见的一项民俗体育,多次参加黄山市、歙县人民政府举办的民间艺术表演,并多次获得大奖,黄山市电视台曾多次播放活动实况录像。

(二)嬉鱼灯的活动内容与形式

汪满田的嬉鱼灯,大小不一,由大鱼灯、小鱼灯、杂灯等组成。最大的鱼灯长约七米,高约三米,由鱼头、鱼身和鱼尾三节组成,内点烛一百余支,每灯须由二十多个成人抬游;小鱼灯在长约一米长,高约五十厘米,内点烛数支。大鱼灯由各支堂房派公置,每支堂一至两盏;小嬉鱼灯、杂灯由各户自扎。

鱼灯是以竹片为构架编制而成,在鱼头、鱼身内部放着用于抬行的纵木。在鱼头、鱼身与鱼尾各节之间用绳相连,使其各节左右摆动灵活。竹片构架外用绵纸包裹,再在纸外彩绘鱼头、鱼鳞及鳍、尾,鱼头上中绘有"王"字,鱼嘴绘有鱼须,形象逼真。

小鱼灯和小杂灯主要供个人拿在手上玩耍舞动,村民各家也都扎得生动形象,小鱼灯活灵活现,小杂灯依据村民喜好扎成不同样式和形状,如狮灯、猪灯、羊灯等。

每至正月十五日入夜,汪满田村在一片锣鼓声和烟花炮竹声中,停放在村头汪氏祠堂的大鱼灯开始搭架点烛,各家户老少自发参与活动。在鱼灯会会长的号令下,数十人用力抬起大鱼灯,按总祠、支堂尊卑排好队列,前面旗幡幢幢,大开锣清道。队伍前侧人员手举一竖牌,上写着"国泰民安""风调雨顺""五谷丰登"等字。紧随竖牌的顺序依次是大鱼灯、锣鼓队、小鱼灯和各杂灯。二十多人抬行大鱼灯穿行汪村,走走停停,鱼灯也在抬行人的操控下不停地摇头摆尾,灯内烛火通明,大鱼灯所路过村户皆要燃放鞭炮迎接欢送。鱼灯到村户门口时,若新婚的,要从鱼灯中换下两支烛,点在新妇房中,此谓"请烛"。生了儿子的,要再捐一次烛,请一次宴,谓之"还烛"。鱼灯队伍再次行到村头宗祠前,每盏鱼灯都要朝宗祠摆头三次,意喻向先人拜年,报告风调雨顺,年年有余。小鱼灯和各种杂灯在游人的手中不停地做着各种有趣造型和精彩动作。儿童则穿插在游行的队伍中自在玩耍,为嬉鱼灯活动增添隆重的节日喜庆色彩。游灯后灯队来到村中广场进行鱼灯表演,表演的内容主要是戏水滩花,大鱼灯在众人的抬行和锣鼓鞭炮声中绕场奔跑,希冀子孙满堂、人丁兴旺。表演结束后,鱼灯再游村一圈,而后出村口,拜神庙,返回祠堂,活动至此结束。

(三)嬉鱼灯的特征与价值

汪满田嬉鱼灯的缘起与民间的社会生活相关联,其组织方式、活动方法等随着徽州社会的发展而改变,体现出它自身的特点——实用性和地域性。

嬉鱼灯被一代又一代地传承下来。它的实用性表现在两个方面:一是嬉鱼灯活动可以驱邪避凶,取鱼兴波克火之意。汪满田村深处多山之中,旧时,房屋结构皆是木质,发生火灾是常有的事,在生产力还不发达的时代,徽州人认为鱼能兴波克火,遂以舞鱼灯来驱邪,保佑村里平安。二是嬉鱼灯可以传福,寓意送子添孙。徽州是个典型的宗族制社会,人丁兴旺是家族发展的重要保障。嬉鱼灯有利于子孙兴旺,在嬉鱼灯活动中,刚完婚的或求子的户家皆要"请烛"。今天的汪满田人仍然保留这种说法。虽然村内年轻人的思想观念有所变化,认为这是一种喜庆和娱乐活动,但这一实用性文化功能还是被传承下来,成为年轻人自发传承的内在动力。

汪满田村四面环山,村中间有一河流,村民沿河居住。多山的地理环境为嬉鱼灯提供了丰富的物质材料,村中的河流是村民生活的必需水源地,而"汪"姓与水有关,鱼多则水肥。正是特殊的地理环境造就了嬉鱼灯独具特色的民俗体育活动。

徽州的嬉鱼灯活动来源于民众的社会生活,又为民众的生活服务。它是一项群体性的"社会模拟场",是民众共同价值情感的重要纽带,是培养社会适应能力的有效方式。嬉鱼灯活动,可以满足民众的各种心理需求,可以使个体的性格得到改善,可以增进情感交流和加深友情。

今天的嬉鱼灯活动除了给人精神上的满足和享受之外,作为一项文化活动,其价值也不断被人们认识。嬉鱼灯活动散发着独特魅力,它可以使民众宣泄和抒发感情,可以协调人际关系,对构建和谐新农村具有不可替代的作用。

第三节　徽州日常生活类民俗体育

一、赛龙舟

(一)赛龙舟项目的起源与发展

赛龙舟俗称"游船""舞龙船"或"划船"。歙县、休宁、屯溪,有练江、横江、率水、新安江等优越的水域条件,历来每逢端午节,民间都有赛龙舟活动。明清时期,赛龙舟在徽州歙县、婺源县、休宁县、祁门县等地广泛流行,于每年农历二月廿七至三月四日定期举行。徽州古属山越文化圈,歙县等地向有"山越古邑"之称。越人自古"信鬼神,好淫祀"①,乃至喜生食、善野音、重巫鬼,原始风情浓厚。与中原先民不同,越人祭龙之风最为盛行,早在战国时,吴越就有为祭龙而竞舟的风俗。据《述异记》载:越俗祭防风神,奏防风乐,截竹之三尺,吹之如嗥,三人披发而舞②。受吴越和楚文化的影响,徽州民俗颇具其遗风。婺源乡间傩舞为"傩鬼戏",颇具楚人遗风。历史上楚越相邻的徽州,以龙舟迎神祭祀的风俗十分流行,具有地方乡土气息,明显区别于中原地区的赛龙舟习俗,徽州歙县有三月和五月两种形式的赛龙舟,如康熙、乾隆年间,徽州的歙县曾时兴三月竞龙舟习俗。据康熙二十九年(1690)刻本《歙县志》载,上巳节举办赛龙舟比赛。但是与歙县同为一府的祁门、休宁、婺源等县都没有三月竞龙的习俗,而都是在五月端午节日举行。如清同治《祁门县志》载五月端午会举行赛龙舟。据康熙《婺源县志》说,农历五月初五端午节,县城和部分沿河的大村庄,进行划龙舟的娱乐活动。赛龙舟活动在徽州各地起源不一,但都与各地的农事生产、祭祀迎神风俗相关。

(二)赛龙舟的活动内容与形式

徽州各地赛龙舟的内容与形式极为相似。龙舟由木头制成,船头为龙头状,后有龙尾,也是由木头雕成,在船舷两侧雕有龙鳞、龙爪。龙头、龙尾、龙爪涂上彩色,形态如龙状,形象逼真。龙舟两侧,各制成十余把划桨,每只船约24人,分成两边执桨,船头一人手执令旗指挥,船尾一人撑舵。划舟人头扎白布,身穿白衣。徽州各地的赛龙舟时间不一,一般是集中在每年的端午或中秋两节进行。赛龙舟前,均要进行祭祀仪式,村中老小要进行一番祷告,求保全村人大吉大利,无灾无病。赛龙舟时,在锣鼓声中从下水大桥处,绕桥洞三圈后开始竞赛。昔时,祠堂还派人在起点和终点统计每批男丁驾舟所费时间,时间最短的,祠堂给予米粿奖励。镇上沿埠各大商店在临河窗口挂放"万"字鞭炮,并挂大红绸、缎被面,助奖优胜者。屯溪的龙舟赛在每年的五月初一开始,直到五月初五结束。初一至初四每日有一船在新安江江面打鼓敲锣、跳水嬉戏。初五端午日五艘龙舟均装有龙头、龙尾,船舱安装跳水木架,架上彩旗招展,龙嘴香火冒烟,船头鞭炮不绝,船后金鼓齐鸣,

①(转引)王俊奇:《中西方民俗体育文化》,北京体育大学出版社2008年版,第191页。
②(转引)徐宏图:《南宋戏曲史》,上海古籍出版社2008年版,第17页。

分游在徐家福、长干、阳湖、盐埠头、渔埠头等江面。船上人员不等,凡有跳水技巧者均可上船。中午时分,龙舟驶往屯溪大桥,各舟参赛人等上桥进行高空跳水比赛。比赛的形式有单人跳水、双人跳水和前翻跳等。

(三)赛龙舟的特征与价值

徽州的赛龙舟活动起源于民众的社会生活,并与当地节日民俗相结合,具有群体娱乐性特征和广泛的群众基础。徽州各地的赛龙舟,虽然开展的时间、地点和风格略有不同,但都是人们情感抒发和宣泄的方式。正因为如此,赛龙舟活动具备了巨大的生命力和凝聚力,既能愉悦身心,又能将风俗习惯、宗教信仰与人们的基本需求相结合。

徽州的赛龙舟虽和我国其他地方的赛龙舟一样带有对"龙"神灵的信仰,但所不同的是,其更多的是对当地土地神和地方神灵的祭拜,希望通过赛龙舟活动获得地方神灵的庇佑,这一活动方式更紧贴徽州民众的社会生活。祈求神灵庇佑、祈求风调雨顺是人们重要的情感指向,寄托了人们对美好生活的向往。因此,赛龙舟作为徽州民间文化形态,充分表达了徽州民众在节日生活中的情感指向、思维模式和审美情趣,折射出徽州人的精神风貌。

二、打莲湘

(一)打莲湘项目的起源与发展

打莲湘,又名"霸王鞭""花棍舞",是一种曾在徽州广泛流传的民俗体育活动,在祁门流行于新安、渚口、历口等地。其表演富有节奏感,群众参与性强,载歌载舞。花棍多用竹木制成,两端装有铜钱,舞者手持花棍忽上忽下、时左时右地舞动,敲击四肢、肩、背等,不断地发出有节奏的响声。

关于项目的起源有两种说法。起源一:皇帝封赏,赐名"打莲湘",后来流传到民间。百姓把打莲湘作为节庆或在庙会中的一种娱乐形式,来祝愿国泰民安、风调雨顺。据传授人说,民间"莲湘"相传产生在宋朝年间。有一天宋朝皇帝设宴,宾客上殿,参见皇上,此时,一位乞丐手持一根竹棒也要见驾,门将挡住,他却说:"我叫冯七公,你们去报告皇上。"皇帝一听"冯七公",连声说"他是我的救命恩人",吩咐上殿。在酒宴上,皇上兴奋之余邀请冯七公表演一段民间小曲,冯七公为了不失礼,在不会唱曲的情况下,就用手中的乞丐棒"上下左右、脚踢手敲"打了一段。皇帝看了称赞动作优美,连声说好。还说如有响声更好,可以边敲边响,并赐名"打莲湘",封冯七公为莲湘祖师爷。皇帝金口玉言,从此打莲湘就成为一种娱乐形式,传到民间。因为冯七公是乞丐出生,故也称"莲湘"为乞丐棒。

起源二:打莲湘脱胎于凤阳民间说唱舞蹈"莲花落",清末民国时由逃荒要饭的凤阳民间艺人传入。起初有两种表演方式:一是由一个打凤阳花鼓或竹板的人在前表演说唱,后面由二至四人表演花棍为说唱伴舞,时不时也与说唱的对答或为之帮腔;二是没有说唱者,直接由舞花棍者舞一段花棍,兼一段说唱。据说,真正传入徽州的时间要追溯到清代以前,只是崇尚儒家礼教的徽州人,一直视其为"下九流",不屑一顾罢了。徽州民谣有云:"跟着好人学好人,跟着叫花唱道情。"

在民国至中华人民共和国成立后一段时间,打莲湘主要是在庙会中表演,以达到娱神的目的,为菩萨等诸神助兴。现今已经成为单一的娱乐性健身活动,娱乐性和健身性很强,既能在广场上演出,也能在舞台上演出,现已在徽州一带的村落中流传极广。

(二)打莲湘的活动内容与方法

花棍,由五尺长的小圆竹制成,两端竹节各抽去两侧竹片成槽,槽内安装二至三档铜钱四至六枚,棍身用红、绿、黄三色纸条成螺旋形缠绕糊实。制作精致的,还在棍两头扎上红绿绸制作的小花。表演时,排成直线与圆圈队形,左脚上前一步,大家右手拿的莲湘往左半身上打,从脚膝到肩膀各关节上敲一下;然后将莲湘在手指上旋转四圈,这样连续敲打、循环而成莲湘舞。随着打莲湘时发出"喊喊、嚓嚓"的声响,表演者根据节奏迈开步伐,进行舞蹈。打莲湘的艺术特点是动作优美、轻松活泼。表演程式有靠肩、碰手、顺飞脚、反飞脚、左手花、右手花、顿地、横天、斜背棍等。打莲湘有20多种打法,节奏十分优美。向上敲打,以手拍为主,音质清脆,动作整齐;向左右敲打,以敲击为主,人体形态线条优美;向下敲打以撞击为主,时起时伏,跳出多种民间舞蹈动作。

(三)打莲湘的特征与价值

打莲湘是特定时代徽州民间社会生活中出现的一项民俗活动,随着社会的变迁而不断变化更新、扬弃升华,从一个"乞丐棒"演变为今天集娱乐和健身为一体的集体广场舞活动项目,与时代相融合,充满着时代气息。应该说,打莲湘活动是徽州民间传统民俗活动在社会发展中与体育活动逐渐融合而形成的,源于生活,是人们追求美好生活的直接反映,其活动内容和形式与徽州人的生活方式、思想观念相吻合,其动作简单,深受人们喜爱。

打莲湘活动富有节奏感,为一项集体性项目,适合在农村和社区中开展,可以愉悦心情、陶冶情操、锻炼身体,丰富人们的体育文化生活。

三、打标

(一)打标项目的起源与发展

打标是徽州许村双忠会期间开展的一项民俗体育项目。据徽州许村项目传承人介绍,双忠会起始于明代万历年间,是为纪念张巡、许远两位英雄而在民间自发开展的一项迎神赛会。许村至今还保留的双忠庙,是旧时开展双忠会的主要场所。晚清经学大师俞樾的《春在堂诗编》卷二有《打标》诗:"有唐张睢阳,正气干云霄。即今对遗像,凛凛寒生毛。"在双忠会期间要开展一项以儿童为主体的打标活动,这项活动以家庭为单位,谁家先打中被视为来年将有好运气。中华人民共和国成立后,双忠会打标在除"四旧"时期被废止,此后没有复出,这项民俗体育活动在民间已经失传。

(二)打标的活动内容与形式

旧时,许村双忠会的开展时间是每年六月一日至五日,由村中的"主事"来组织。其间要组织游菩萨、唱戏等娱神活动,活动结束后,组织打标活动。打标是打鞭炮和竞速标旗的总称,是将许村分成五个支派,以支派为单位,在村中坦场集中,再在树枝上、石牌坊上或竖木杆悬挂鞭炮,然后由族人纷纷将点燃的小爆竹投向三米外悬挂着的鞭炮,将鞭炮引燃,哪一派的鞭炮先点燃,预示着哪一派先得福祉;哪一个人的爆竹先引燃鞭炮,哪一个人即被视作有好运气。接着,许姓五支派派出壮汉,各自扛着约两丈高的代表本支派的青、红、黄、白、黑大旗,绕村中坦场奔跑,后按照规定路线跑遍全村,最后到村头水口庵集合,先到的支派得胜,来年就由得胜派来"主事"。等五支派都到齐后,焚香化纸祭旗散去,活动结束。

(三)打标的特点与价值

许村打标是一项集投、跑、持等动作为一体的综合性民俗体育活动,其技巧性、耐力性、对抗性和趣味性极强。打鞭炮要求选手有较高的投掷技巧，既要快，又要稳、准；竞速标旗要求选手既要有速度、力量和耐力，还要有较高的爬坡、下坡、过桥等能力。因此，此项运动对锻炼奔跑、跳跃等综合运动能力具有重要作用。许村这一体育活动每年在六月开展，对丰富农村单调的劳作生活有着重要意义。

四、接旗

（一）接旗项目的起源与发展

接旗是徽州太子会期间开展的一项民俗体育活动，距今已有一千余年的历史。徽州石潭村祭祀的太子指的是唐时封藩某王之子。据传，有年六月太子逾城出游，看到民众疾苦，遂立志为民，后有德于民。为纪念这位太子，徽州民间每逢闰年六月初兴太子会，并举行接旗等各种活动以示纪念，同时祈求福禄。太子会在歙县石潭村、屯溪、绩溪县中屯村一带开展。太平天国运动给徽州社会造成极大的破坏，太平天国运动后屯溪一带的太子会及接旗活动消亡，此后没再复出，歙县石潭、绩溪县中屯村的太子会接旗活动一直到中华人民共和国成立前才消失。

（二）接旗的活动内容与形式

每逢闰年六月起，石潭村开始兴太子会，先是在村中春晖堂、叙伦堂（沿村两侧正中）前厅搭山架。山架是用各家日常所用的四方桌叠成，有五层高，形似佛塔。叙伦堂内张灯结彩，供奉着太子菩萨神像。届时，全村男女老少前来烧香拜太子，祈求保佑平安、风调雨顺。接着众人在锣鼓声和鞭炮声中到村头坝坑口观音庙里接观音牌位，供奉于佛塔后。旗分为五隅旗和祭旗，五隅旗是由青、红、黄、白、黑五种颜色的布包裹在四方形或两面木制架上，祭旗是用纸糊在五面的木制架上，其中青、红、黑旗各两面，黄、白旗各四面，祭旗五面，十九面旗均一丈余高。

第二天开始隆重的接旗活动，上午先行祭旗仪式。队伍浩浩荡荡向村上半桥河滩里的坦场进发，有道士在坦场做法事。法事毕，杀猪取血少许投于祭旗。这时，有人将令旗一摆，发一声号令"接旗"，十九壮汉一人扛一旗，每人后有一人手撑丈高木叉叉住旗杆。在众人呐喊声、鞭炮声和锣鼓声中，十九面旗同时绕村快速奔跑，沿途经过各家各户，寓意去五瘟，最后跑至村下坦场,先到者奖励猪肉五斤。

（三）接旗的特点与价值

接旗活动为了纪念有德于民者,具有鲜明的民族个性,是传统文化在徽州民间的具体体现。同时,它又融入徽州的民俗之中。徽州石潭人在太子会中举行接旗活动,既表达了信仰,又锻炼了身体,从而达到娱神、娱人和健身的目的。

接旗是一项两人高度配合的负重竞速运动,这种负重赛跑对力量、速度、爬坡跑、下坡跑有较高的要求。因此,这项运动是锻炼协调能力、发展力量、速度、跳跃等能力的一项综合性运动。此项运动旧时在徽州开展较为广泛,参与人数众多,娱乐性强,简单易学。

五、耍叉

（一）耍叉项目的起源与发展

耍叉是徽州民间庙会活动杂耍节目之一,历史上广泛存在,其起始年代不详。现今在歙县岔口镇周家村一带偶有开展,擅长此技艺的民间艺人已经寥寥无几,目前周家村尚有几人会此技艺。周家村凌利达老人是耍叉的传承人,他七岁即师从本县方村老艺人方学仕,八岁学成耍叉、甩流星技艺,参与村中每年元宵菩萨游村活动及十年一次菩萨开光活动表演。后来又教会村中多人,使村庙会表演队伍扩大成耍叉六人、甩流星十人,叉与流星同时表演,增强了观赏力和感染力。民国末年,凌利达和他的伙伴曾应邀参加浙江淳安县威坪镇庙会表演,载誉而归。中华人民共和国成立后,凌利达等人把耍叉、甩流星作为独立表演项目,多次登台献演,20世纪80年代还曾参加岔口区文艺调演,获大奖。

（二）耍叉的活动内容与形式

耍叉的道具主要有:叉一把,长约一尺八寸,叉三股,叉、杆相接部有两铁钱,叉杆木质。拨棍两根,长约一尺三寸,棍身缠绕黄、黑色布条。竹木制圆箍两个,箍对径约一尺四寸,亦遍绕黄、黑布条。

耍叉程式有拨叉、筛叉两大项,每项各有套路。拨叉,是基本功,即双手各执一根拨棍,拨叉翻滚、飞旋、抛接,不使叉落地,又配以扭腰、独立、腾挪等种种身法和步法,使叉的跳跃、飞旋显得变化多端,令人目不暇接。主要套路有"双拨""左手单拨""右手单拨""叉翻躬斗""一盏灯""连跌三跤""上马""下马""金鸡独立""抛叉""单手放高叉""双手放高叉"等。

筛叉，表演者双手各捏一圆箍，不停地旋动，如转筛筛米，将叉垂直投入箍中，以箍旋动的惯力带动叉在箍中飞旋而不落地。表演难度较大，拨叉基本功扎实始可练成此技，艺人传有俗语："拨叉没功夫，筛叉上不得手。"主要套路有"双手筛""叉传左手""叉传右手""叉翻左躬斗""叉翻右躬斗""叉连跌三跤""上马""下马""种花盆""左单手接叉""右单手接叉"等。

（三）耍叉的特征与价值

耍叉是一项以器械为主要运动形式的民俗体育项目，通过配合拨、翻转、抛、接等身体动作表现出来。其动作的难度较大，没有一定的基本功，是很难完成的。因此，耍叉有很高的艺术观赏性，同时对提高耍叉者的身体素质和活动能力有重要作用。

六、甩流星

（一）甩流星项目的起源与发展

甩流星是徽州独具特色的民俗体育项目之一，其起始时间不详。旧时在歙县城南、城北一带均有开展，是庙会活动杂耍节目之一，历来与耍叉配套表演。徽州武阳大年（闰年）元宵节开展的汪公灯会中也有此类表演。目前唯有歙县周家村偶有此节目表演。

流星的制作，需一根长度与表演者相近的纤绳，两端拴铜钱。每端拴铜钱的数量为二十五个至五十个，因人而异，有时用秤称，使两端重量一致，甩起来才能得心应手。

（二）甩流星的活动内容与形式

甩流星时，表演者手抓绳的中部，上下甩动。力重时，两端铜钱起伏腾降、嚓嚓作响；力柔时，绳子拉直，如一根棍子在水面上下浮动。更巧妙的是，这根"棍子"可以在表演者手上逐一绕指飞舞，谓之"过五关"。双手抓住绳子中部甩，又如甩三截棍，令人感到绳端铜钱金光闪闪，扑面而来。若双手交错起伏甩动，又似双槌擂鼓；若双手上举交叉甩动，似雪花纷飞，又似千万条银蛇绕身飞舞，铜钱的金光似那蛇的双眼闪光，不禁令人击节叹赏。放流星则更绝，表演者甩到高潮时，将流星上抛至高空，凌空"呜呜"旋转，表演者以各种身法接、抛。有扭腰接,360度翻身接,在地上表演乌风扫地接,翻躬斗、打风车接。观众往往看得如痴如醉。

甩流星的程式套路有"双打鼓"、"原地扭丝"、"顺扭丝"(顺翻身360度)、"反扭丝"(反转身360度)、"单手顺扭丝旋"、"单手反扭丝旋"、"雪花盖顶"、"双手梆棍"、"单手梆棍"、"过五关"、"收四门"、"开四门"、"五龙盘胫"、"大闹天宫"、"黄蛇出洞"、"朝天举香"、"打功结束"、"放流星"等。

(三)甩流星的特征与价值

甩流星是徽州民间特色的民俗体育活动之一,风格鲜明,为广大群众喜闻乐见,反映了徽州民众的社会生活和民俗心理,主要特点有三。一是喜庆色彩浓重。甩流星在家族和村落中以言传身授的独特方式继承和流传下来,旧时的庙会中多以娱神为主,现在自娱性更强,喜庆色彩浓重。二是稳定性。甩流星活动在徽州社会历史的发展中,受到外部因素的影响并不大,其风格的保持相对稳定。流星的制作较为简单,一个流星只需一根纤绳和多个铜钱即可。其三,载歌载舞的表演形式,趣味性强。遗憾的是这项珍贵的文化瑰宝已濒临失,只有一个70多岁的老人会此项技艺,年轻人大多不再热爱此项活动。

作为一项民俗体育文化,甩流星以它独有的特点,传承着徽州社会历史文化,彰显着徽州文化的魅力。对此项目进行开发,不仅可以带动地方经济的发展,而且可以提升徽州文化的知名度和影响力。

七、舞抽担

(一)舞抽担项目的起源与发展

舞抽担是徽州传统格斗武术内容之一,是将类似于扁担的竹木制的器械进行杂耍,用以健身和攻防格斗,是一项起源于徽州民间生产生活的民俗体育项目,明清至民国时期在徽州流行较广。中华人民共和国成立后,由于传承的老艺人不继,徽州各县会此技艺者已经寥寥无几,几乎面临消亡的状态。

(二)舞抽担的活动内容与形式

抽担是由竹木所制,约两米长,十公分宽,五公分厚,无棱,两头较中间狭细。日常生活中,一些山农把扁担放长,即当抽担用。据采访中的老艺人介绍,练抽担很有讲究,注重的是基本功,要先练蹲桩,只有蹲桩步稳,才不会被对手的抽担击中,更不会被对手抓住抽担头,推拉倒地。据学过抽担的武阳方九五介绍,舞抽担的程式套路有"一棒飞雪"、"风来扫地"、"海底捞月"(捣对手罗裆)、"擂鼓撑门"、"左击右退"、"前进后撞"、"快步前击"、"斜退撂后"、"蹲步盘舞"、"错步斜挑"、"指东打西"、"纵步击顶"、"旋身扫腰"、"九龙人海"、"饿虎下山"等,在实战中要灵活运用程式,见招拆招,方能制胜。

(三)舞抽担的特征与价值

徽州的舞抽担是在社会生产生活中产生和发展起来的一项民间武术,主要活动地点是田间地头,不受时间的限制。舞抽担以农民的生产工具——扁担作为活动的器材,活动的主体为民间大众,体现了隆厚的乡土气息。舞抽担注重的是下盘功夫,体现了中国武术的基本特点。其运动形式主要有击、打、盘、挑、扑、顶、旋扫等,攻防实战性和观赏性较强。舞抽担的习练,不是一朝一夕即可达成,需要习练者有坚强的意志和思想准备,这透射出不断进取、自强不息的精神,对锻炼人的意志品质具有重要作用,同时通过习练舞抽担可以提高防身技能。

八、赛灯船

(一)赛灯船项目的起源与发展

赛灯船项目兴起于徽州渔梁镇。渔梁镇位于歙县城南的郊区,该镇依练江而建,始建于隋末唐初,是旧时徽州最大的商埠口。渔梁的赛灯船,是渔梁太子庙会活动的主要组成部分,大约起源于清代初期,是配合娱神的太子会活动而进行的一项民俗体育活动。民国《歙县志》记载:"于所居之下游名日送圣,若郡城北街之献菜,南郭渔梁之灯船"①。赛灯船活动自清代至民国时期在歙县渔梁和休宁海阳多有开展,民国以后此项活动消失。

(二)赛灯船的活动内容与形式

赛灯船活动在每年定期开展。灯船的制作十分考究,将货运船或渡船拆去船篷,用桥板将两艘并为一艘。船上扎以牌楼和亭台馆榭,上挂彩灯、贴彩纸、悬绣幕、垂珠帘,务求精致华丽。明清至民国时期的渔梁由八管会组成,每管会各制此类灯船一艘,这八艘船为赛船。同时再出三艘公船,公

①民国《歙县志》卷一《舆地志·风土》。

船只挂彩灯,一艘装载大王张巡和二王许远神像,一艘装载五帝纸扎像,最后一艘装载龙灯、鱼灯。

赛灯船活动分为游灯船和赛灯船两个部分。游灯船时,鼓乐齐鸣,爆竹、彩纸漫天飞扬,江上亮船次第排开。第一日从渔梁坝往上游,到观音阁止,领头是龙舟,舟前九莲灯高挂,硕大的纸扎龙头、龙尾分置船两头。龙口微张,白齿森森,龙角峥嵘,两根龙须夸张地翘起,显得威风八面。大王、二王像分立船头、船尾,水手像置船两侧,各呈划桨摇橹姿态。跟随在后的是五帝七圣坐舟,船头陈列各色供品,有点燃的红烛交相辉映。接着是八管会的八艘亮彩船了,彩灯通明,一片灿烂。彩带或结或联,绣幕或启或掩,灯光船影映入水中,江底即现五彩缤纷的世界。更为精彩的是,由各管会扮饰的形形色色人物在船中演绎着诸如"闺阁梳妆""旗亭举酒""学士论文""丽姝争艳"等社会生活百态,社会文化生活气息甚隆。赛船之上,成年男子各执鱼灯在中间,龙灯在外圈,相对舞蹈,上下起伏盘旋游舞,尽兴处,表演者也会来个"鲤鱼打挺"以助兴。同时,锣鼓喧嚣,爆竹欢腾,其欢愉场面令游者荡气回肠。

灯船游至观音阁,游灯船毕。接着灯船从渔梁坝下顺流而下,来到紫阳桥前,一字横排,各自环绕桥墩,进行穿梭桥洞竞赛。只见河中一艘艘亮船绕桥墩快速游弋,灯船彩带随风飘荡,形成一个个彩环,极为壮观。各管会赛船绕过桥墩,快速逆流而上行至渔梁坝,先到者为胜,胜者获得灯船上的所有"贡品"。

(三)赛灯船的特征与价值

赛灯船是一项集休闲娱乐和竞技为一体的群众性民俗体育活动,抒发的是徽州渔梁人的生活文化气息。其活动是以祭徽州乡土"太子"为背景,将地方民俗信仰、水域资源与体育有机结合,体现出娱乐休闲和竞技为主调的风格。赛灯船以村落为单位,参与人数多,活动中以锣鼓、鞭炮为渲染,表现了独特的农村体育文化特色和追求美好生活的精神面貌。因此,赛灯船活动具备了鲜明的群众体育特征。通过赛灯船这一活动达到休闲娱乐的效果,体现了参与者积极向上的精神风貌。

九、放飓灯

(一)放飓灯项目的起源与发展

徽州放飓灯自清代中期至民国前流行于歙县葛塘村、洪济村,中华人民共和国成立后葛塘村的放飓灯活动基本消失,洪济村的放飓灯还偶有开展。歙县葛塘村与洪济村均是以汪姓为主的单姓村落,属于同一宗族。明代成化年间由于葛塘村人地矛盾突出,汪姓开始由葛塘村迁入洪济村。刚迁入时,为了旺族,汪姓人效法孔明求寿放七星灯,兴陋灯求丁活动。因为在歙县方言中,"灯"与"丁"皆为同音。清代中叶以后,洪济放飓灯较为兴盛,中华人民共和国成立后逐渐衰落,20世纪80年代后基本停演。2005年洪济放飓灯作为一项文化遗产逐渐得到人们的重视,在歙县文化部门的重视下得到挖掘和整理,并在2005年徽州民俗文化节上表演亮相,现已经被列入黄山市非物质文化遗产名录。

(二)放飓灯的活动内容与形式

飓灯的外形与孔明灯极为相似,只是比今天的孔明灯体积和重量要大得多。当今的飓灯是以竹篾为架,用厚白纸蒙在竹架外,白纸上书写"徽州洪济村灯会"或"国泰民安"等字样。竹架的上端封闭,下端敞口,高约四米,直径六米。竹架底部有铁丝油络架,油灯放于竹架底部正中上方,爆竹系于正中下方。总重量为百余斤,其中以爆竹的重量为主,有时达百斤以上。

旧时的洪济放飓灯是在正月十五元宵节的晚上,届时由八名成年男丁托着灯架下端,在灯会会长的命令下,由一未成年男性点火,灯球迅速充满热气,浮力逐渐加大,当八男丁都难以拽住时,再一声号令"放手",灯即冉冉上升,如一个巨大的火球,在夜空里分外耀眼。待灯升上半空,爆竹引燃,四处开花,如同满天流星飞雨。观者又蹦又跳,齐声欢呼,其情其景,十分热烈。随着飓灯的逐渐上升,爆竹也逐渐燃放完毕,飓灯越升越高,灯影越来越小,直到消失在众人的视线中。老艺人说,飓灯飞得高、飞得远才好,意味着子孙前程远大,一代比一代高。

(三)放飓灯的特征与价值

洪济放飓灯活动是在徽州漫长的社会历史进程中形成与发展起来的,具有鲜明的地方特色。今天的洪济放飓灯活动更多的是带有喜庆和娱乐色彩,对丰富人们的体育文化生活有着重要的价值。

第四节　徽州武术类体育

一、徽州武术拳术类

(一)徽州武术拳术类项目的内容

1.徽州八仙拳[1]

此拳种在徽州歙县和绩溪县一代均有流传,相传由北宋末年农民起义军方腊所创。据说方腊是歙州人,出身农民,以种田为业,自小爱好武艺,行事仗义。北宋末年,因矛盾杀掉本村地主而走上起义道路,曾建立农民政权,深受家乡人爱戴。方腊所创的八仙拳主要用于军中习练,分为三个类型,即梅花八仙拳、明八仙拳和暗八仙拳。该拳种是以民间传说中的八仙形态为基础,配以武术技击动作,有一套完整的攻防演练套路,其特点是注重招式的形象特征。2011年,该拳种被列入市级非物质文化遗产名录。

八仙拳的特点是:拳的一招一式,都显示了每一形象的性格特征,引人入胜,在动作变练过程中,除美化外还包含着武术攻防技法。

梅花八仙拳拳谱:八字步,两手催劲;左手刀,右手靠身成爪形;右手刀,左手靠身成爪形;玉女穿梭;长掌;原步反身预备式,左掌压右掌背;伏马左撩手;右踢腿,跟上跳腿,右手击正脚背;阴阳掌(两式);吊马打虎势;右靠肘刮手;左靠手刮手;撩阴手;右刮手;左刮手;吊马打虎势;旋风腿;左爪右拳;吊马;收势。

明八仙拳拳谱:老八高;关平碰阴;铁插风;比肘;挑肘;双蹬;双人背起;曹国老破柴;削手;刺手;单拳;双蹬;双人背起;刺手;单拳;小鬼拉磨进;双蹬;抱手;刺手;单拳;起双掌;隔手;单拳;起双掌;滚肩;平肘;抱手;双合;挖手;流星赶月;挖手;流星赶月;刺手;单掌;收势。

暗八仙拳谱:打花手;铁拐李;中出枝;韩湘子;汉钟离;何仙姑;出尖;蓝采和;曹国舅。

---

[1] 该拳种已经被列入安徽省非物质文化遗产名录。

2. 岳家拳

传说南宋抗金英雄岳飞的师傅周侗创有岳家拳和五形拳,大致在明清时期传入徽州。其特点是:动作朴实无华,采用侧身半马型,手法有捆、拿、锁、靠、挫、打、刁、捋等。步法讲究桩步稳固,直进直退,以攻为主,注重实用,刚中寓柔。

岳家拳拳谱:十指点兵;岳接印;铁手洗脸;游僧托钵;削手;壮士冲前;雷声震地;铁臂打钟;戏拳踢燕;霸王脱靴;乌风扫地;散兵围阵;霸王卸甲;提兵过海;铁手张伞;伏虎伸爪;猿猴献果;飞镖刺敌;将军敬帅。

3. 五形拳

此拳以熊、虎、猴、鹤、蛇五种动物的主要行动特征为基础创制。五形拳拳谱:开式立马;虚步左手平掌;右手立掌;右脚上前丁字步;双手勾拳;左弓步推掌;回身盖步平掌;马步锁喉;盖步出掌;仆步立掌;弓步推掌;右单拍脚;左踢脚;弓步推掌;马步出掌;双峰贯耳;立步劈掌;踏步插掌;翻身推掌;双拳击顶;双爪横插;抱拳收势。

4. 徒手岳家截手法

徒手岳家截手法拳谱:捆腿;小鬼叫门;擂打;白蛇吐信;顾法。

(二)徽州武术拳术类项目的特征与价值

在徽州形成的武术文化离不开徽州地域文化的浸润,负载着徽州文化的诸多信息。之所以说徽州武术文化具备着"俗"与"雅"共存的特征,是因为徽州武术传承主体和武术文化本身烙印着俗文化的印记,同时受儒家正统文化熏陶又表现出雅的一面。对徽州武术文化特色作全方位的考察,殊非易事,但通过考察可以感受到浓郁的外在技术特点和内在的精神气息。形而上者谓之道,形而下者谓之器。遵循"形而上"和"形而下"的思路,从外在习武人群特征和内在价值伦理特征对徽州武术拳术进行认识和把握。

徽州武术传承的主体是徽州民间的中下层民众,他们既是创造者又是实践者。在徽州武术发展的山越阶段,百越人移居徽州时也将军事武艺带入徽州民间,吴越征战的尚武精神也就融入徽州地方生活中。至宋、元、明、清时期徽州更是一个平民化的地方社会,中原大族的迁入,致使习武之风进一步向中下层民众转移,呈现出"只为衣冠无义侠,遂令草泽见英雄"的民间尚武景象。在与官方的武装力量相比,古代社会的民间武艺往往在维护地方安全上发挥着更为重要的作用,如在《休宁县志》中曾记载,"明巡抚何执礼设兵操于五城,邑虽有兵,顾积驰而婾,转为民累"①。这从侧面反映了地方民众习武群体主要是中下层民众,广泛的群众基础使徽州武艺的传承薪火代传。明代郑若曾在《江南经略》指出,中国武艺的各类专门秘法都散落在民间各地,且遵循着师徒相承的惯制。徽州武艺的兴盛和尚武之风的盛行是徽州民间土壤的滋养所致,徽州民间出现了大量的习武群体。徽州各地为延师习武而签订的各类学武关书也进一步说明了武术是民间习武群体实践和传播的结果。从徽州板凳术、八仙拳等来看,徽州武术中的很多内容来源于民间社会生活,徽州戏曲武艺的发展更是深入大众生活之中。因此,民间大众的传承主体和生活内容从根本上决定了徽州武术具有了"俗"文化气息。

徽州武术文化的价值伦理是其文化深层次的反映,并时时规范和约束着习武者的行为,这成为徽州武术文化的重要组成部分。徽州人习武的目的一为自保身家,二为入仕显亲扬名。徽州是理学故里,儒家正统伦理道德影响和支配着社会生活的各个方面,武术的内在价值伦理也是儒家道德的折射。徽州武术的立论皆依据儒家伦理:"身体发肤,受之父母,毁之不得。"正是遵循着这一伦理,徽州武术才有着护身、保家即为孝的逻辑,无论是习武为经商保驾护航还是通过武科举入士来显亲扬名,都体现了习武即为恪守孝道的价值观念,并以此作为一种文化纽带将家族紧紧连接在一起。如果说民间大众的文化具有"俗"的气息,相对而言儒学学说则可归为"雅"文化。徽州武术生存的土壤与理学社会背景使其文化带有儒家文化的诸多特质,在经受儒家伦理的洗礼和惠赐的过程中徽州武术也必然呈现出"雅"文化的特色。

二、徽州武术器械

(一)徽州武术器械类项目②的内容

1.罗汉刀

起势:立正,头向左前方;左脚向前一步,虚步抱刀;缠头过脑刀;虚步提刀势;托刀;架刀;旋风脚;单手花(三次);上步三撩刀、虚步亮刀;架刀;旋风脚;背花(三次);缠头过脑势;收势。

---

① (转引)朱万曙:《徽学(第3卷)》,安徽大学出版社2004年版,第105页。
② 该项目已经被列入安徽省非物质文化遗产名录。

2. 六合单刀

刀谱:护肩刀;滚手刺扎;举火烧天;尉迟拉鞭;探扎;腰横玉带;挂钩进步连环立刀;夜叉探海;凤凰旋窝;燕子掠水;偷步连环三刀;摸身拦腰斩;海底捞月;白猿献桃;关平献印;苏秦背剑;倒提金钟;倒拔垂柳;白虎跳涧;金锁坠地;黄龙旋窝;青龙入海;收势。

3. 滚趟双刀

该套路扑跌翻滚,迅速有力。

刀谱:起势,左手执双刀,立正,目视前方;接刀;分刀;左一刀;右一刀;上一刀;下一刀;翻身双挑刀;向右双劈刀;向左双劈刀;向前双叉刀;刀花;跌滚倒地;前直扑;后道背;鲤鱼打挺;收势。

4. 徽州板凳术

该套路以徽州家用板凳进行攻防练习,充分利用板凳的四脚和凳头,攻时连环进击,防时以架、格、拨、带动两头四臂,四面藏刀,动作要求快捷迅猛,身体要求灵而敏,力要柔而刚,身凳合一。

凳谱:只手双分掌;跳凳;冲凳;舞凳;左殿凳;右殿凳;扫凳;挑凳;舞凳;上下闷凳;收势。

徽州十八凳凳谱:起势,十字双分掌;冲凳;柱凳;拦腰;绞丝落地;冲凳;柱凳;拦腰;躲头凳;金鸡盘头;柱凳(左);柱凳(右);拦腰;左劈;右劈;绞丝冲;坐凳;收势。

徽州三十六板凳:该套路刚劲有力,快速勇猛,桩工扎实,力贯板凳。

凳谱:开门起手;四龙泼水;进步献花;左搂盘根;进步四桃;退步翻压;滑步右点;回身右拦;退步献花;渔翁撒网;寒鸡独立步;撩步斜折;起步右拦;绞步右挡;翻身挫击;翻身斜丁;进步挑腿;退步右撞;进步侧撞;批身平压;退步左冲;滑步侧逼;回角单撑;手托泰山;雨打梨花;顺步斜撞;顺步踢拦;进步回点;撩步折击;左楼盘根;撩步回角;腾步双钓;让步披身;进步拨击;寒鸡独立;罗汉坐堂。

5. 八仙剑

剑谱:起势;鹤立鸡群;登山赶月;拨草寻蛇;推窗望月;恨福来迟;三环套月;蛟龙入海;丹凤朝阳;杏花春雨;怪莽反翻;倒提金钟;黑虎卷尾;抽撕连环;金钟探海;黄龙缠身;妙手被斩;倒撕金钱;鱼跳龙门;鹞子钻天;飞龙

引凤;剑斩连环;倒转阴阳。

6. 徽州枪

该套路枪法为击刺法,是明代武术家程宗猷所传。特点:一是守中直刺,飞挑刺杀;二是短用时采取匕刀的杀法;三是能运用于马、步、水三站。练习时,要练好南兵拳法,练习臂力,练枪杀法要练习到见肉分枪为之。地面上练熟后,再骑木马练,然后在2平方米的范围内练习刺法技术。

枪谱:指日;钓鱼;飞挑;认针;劈面;琵琶;伏虎;回马;五虎拦;滚剒;提挑;平推;顺推;掀腰;统袖;勒喉;探海;滴水;扑提;二拉;展旗。

7. 徽州柴担

械谱:铁门闩;端过火;犀牛落水;金绞剪;送过柴门;雀儿搜蓬;老虎蹲天;小门横闩;一柴落地;起火;抽柴归膝;上步斜柴;掠面金刀;凤凰撒翼。

8. 徽州柴担一路

此棍如长枪一样的用法,既可练棍又可当枪运用(临敌另加枪头),分点、刺、顶、压、扫、按等方法。

械谱:起势;一中枪;一捅枪;一侧枪;一下枪;一阳一滑枪;流星赶月;一扫枪;一阴一滑枪;收势。

9. 少林阴手棍

此术又名三十六势,全用阴手,不同于一般的左阳右阴使棍,而是两点并用,动作灵活,使人难以预防。

械谱:开门见山;偷梁换柱;左梅花;平马拗柴;右插花;狮子摇头;跃马横棍;黄蜂进洞;大鹏展翅;左插花;右插花;怪蟒翻身;声东击西;人事连环;黑虎掏心;飞身追月;回马金棍;翻江倒海;落地梅花;霸王举鼎;铁牛耕地;撩云拨月;丹凤朝阳;金鸡独立;送虎归山;乌风扫地;蜻蜓点水;拨草寻蛇;散花盖顶;猕猴偷桃;凤点头;翻身踢斗;泰山压顶;上步刺虎;退步入肘;展手。

10. 腰带花

这是软兵器中的一种,在徽州曾广为流传。

带谱:起势;哪吒吐雾;漂洋过海;威震四方;捆心绳;神仙洒甘露;揭帷瞧玉女;玉枕吐芳香;回首东方日;西观掩月花;盘花巾;蒙面纱;卷漩涡;倒转虹;置线儿;吊腊腿;收势。

（二）徽州武术器械类项目的特征与价值

徽州武术器械类项目有着极强的实用性能，主要体现在以下几方面：

一是习武为经济发展服务。徽州武术中的很多武术技艺具备了为商业服务的功效，它对徽州商业经济繁荣有促进作用。徽商发展武艺的目的仅限于防身自卫和保全财物，目标十分明确。在徽州之所以未能形成镖局，除了"贾而好儒"的文化约束之外，与其最根本的经商实用需要有着重要的关联。

二是习武为保家卫族，服务于宗族内部管理需要。明清时期的徽州各地宗族均有蓄养家丁、设立拳头庄的习俗，徽州的佃拳户往往成为宗族间处理纠纷的重要力量，武力成为维护地方社会秩序和解决各种矛盾的有效手段。因此，徽州武术在技术和风格上都具备了极强的实用特点。徽州武术讲究步法辗转腾挪的灵活性、重心低、下盘稳，很少有高空远击的技术动作。徽州多山，地势高低不平，路面高下悬殊较大，在这样的环境中运用武术，必然要求动作低矮紧凑，远击和腿法的使用势必受制于敌。因此，徽州武术的实用性特点造就了"蹲桩很低，惯用滚跌"的风格。注重重心稳固、少用腿的打法在"手是两扇门，全凭脚打人"的武术体系中，技击性显得较弱，但防御性却显得更强。可以说，"不求伤人，但求自保"是徽州武术实用性价值较为生动的概括。

三是藏而不露。徽州武术器械取材于生活，方便实用。在上述武术技术拳种体系中，板凳、扁担等日常所用的器具是徽州武术最为常用的武器，因为人们可以随时用这些日常用具来防卫和御敌。板凳和扁担是徽州村落中极为普通和常用的物件，几乎家家皆有且数量较多，当遇到不测或需要格斗时，可将其用作武器。如徽州板凳术是一项极具地方特色的武术拳种，因其使用的武器是日常板凳而命名。用这些以日常所用物件作为武器实用方便，也不用随身携带，以免身带武器有招摇之感。可见，徽州人身怀绝技却藏而不露。

总而言之，徽州武术体现了社会历史伦理中价值尺度与认知尺度的统一，它援以勉进德性、风范武艺、淘汰野蛮，践行济弱扶倾、谴卑崇武尚强，强调以德行的最高境界为社会之首。徽州武术开阔了德艺双修、文武并进的国风，是民族文化精神底蕴产生及存在的基础，值得我们去关怀和挖掘，为当世而用。

第四章　徽州民俗体育的文化特征

　　20世纪90年代,徽学的勃兴和研究领域的拓宽以及我国民俗体育研究的兴起,强有力地催生了徽州民俗体育的基础理论研究。其中,对其文化特征的理论研究主要体现在两个方面:一是从记录者加工过的典籍中寻找材料,二是重个案特征描述。然而,从整体上系统分析和认识徽州民俗体育与徽州文化之间的关系和特征研究等还显得相对欠缺。

　　徽州民俗体育是在徽州传统文化土壤中形成的一项地域文化,在长期的历史传承中,以其独特的运动形式、思维方式、价值取向为人们的社会生活提供了丰富的内容和内涵,担当了凝聚民族智慧、引领徽州文化传承的使命,成为徽州文化的显性载体。它所蕴涵的伦理精神、艺术精神、生命精神都体现了个体、社会、自然协调发展的终极思想,在体育文化乃至社会发展中发挥着不可替代的作用。作为中国传统文化结晶的徽州民俗体育是中国民族精神的凝聚和显现,具有鲜明的历史意义和时代精神。它是传统文化发展的活态载体,它所蕴藏的传统文化价值将为提升文化软实力和发展体育经济等提供新的增长点。

　　"人们自己创造自己的历史,但是他们并不是随心所欲地创造,并不是在他们自己选定的条件下创造,而是在直接碰到的、既定的、从过去承继下来的条件下创造。"[①]文化人类学的发展表明,任何文化的创新和进步都建立在传统文化的基础之上,新的文化事象必须与旧的文化嫁接在一起才能焕发出生命力,否则,它会成为无本之木、无源之水。正因为民俗体育文化的发展和创新需要源头活水的滋润,在弘扬徽州民俗体育文化并积极创造具有时代气息和厚重文化底蕴的新的体育文化时,需要对其蕴含的传统文化

---

　　① 中共中央马克思恩格斯列宁斯大林著作编译局:《马克思恩格斯选集》(第1卷),人民出版社1995年版,第585页。

特征进行总结,这正是其发展的根基与生命力所在。因此,对徽州民俗体育所具备的深层次文化特征进行研究也就成为我们绕不开的议题。诚如毛泽东同志曾说过:"从孔夫子到孙中山,我们应当给予总结,继承这一份珍贵的遗产。"[①]

民俗是一种文化,人们可以通过有形的体育文化实体领悟到无形的民俗精神与韵味。用传统的眼光看,传统民俗体育是一种文化传统,是人类创造的不同形态的特质经由历史凝聚和传承下来的诸文化因素的复合体。用文化的眼光看,民俗体育是一个不断延续和发展的概念,在其发展过程中有着共同的内在文化特征,并赋予现实以意义。

徽州民俗体育的发展演变是存在于徽州特定的地域和人文环境中的,是在社会历史进程中不断积累、选择、变异、交融和定型的过程。它不仅有着我国民俗体育所具有的地域性、传承性、历史性、变异性等一般特征,同时,在文化结构层面上还表现出自己的原真性特征,这些特征反映了徽州民俗体育文化的历史价值。

第一节　徽州民俗体育与徽州文化

学界认为,徽州文化既是地域文化,又是中华正统文化传承的典型,它集中地体现了中华传统文化的精华。徽州文化是徽州民俗体育文化的摇篮。徽州民俗体育以一种特殊的身体运动反映社会生活,展现徽州文化的民族精神,并且与祭祀文化、节庆文化、生产文化等融为一体,表达徽州文化的种种特质,成为一种综合性的文化事象。作为徽州文化的有效载体,民俗体育在人们的生活中发挥着强身健体、文化娱乐、抒发情感、凝聚民族精神等作用。因此,对徽州民俗体育的文化特征进行研究需要从与其紧密相关的徽州艺术、宗教、生产方式、节日传统和理学等方面加以考察。

徽州民俗体育文化与传统体育文化相比,虽有着共同之处,但在本质上有着极大差别。这是因为,徽州民俗体育文化既是传统体育文化的一部分,受到徽州理学等正统文化的熏陶和影响,它在发展中将徽州理学思潮融入

---

①郭亚丁等:《全面从严治党——学习习近平党的建设思想论述》,中共中央党校出版社2015年版,第36页。

自己的文化体系;同时又受到民间民俗民风的浸润,有着自己的相对独立性。作为一种独立的文化形态,徽州民俗体育无论是在外在形式还是内在精神都有着自己的样式和特征。遵循这一思路,在研究徽州民俗体育文化的特征时,就不是看它的外在表现形式是否符合现代体育的规范,而是看其在民间艺术、生产生活、宗教信仰、传统节日、徽州理学等互动交融中承接着哪些多元传统文化内核,如何展现其内在精神,从而揭示徽州民俗体育作为一项特殊的文化艺术形式在徽州人社会生活中发挥的作用。

一、与民间艺术结缘共存

从运动形式上看,古代社会的民俗体育与民间舞蹈、杂技等艺术很难区分,呈现出你中有我、我中有你相互交融的特点,甚至有些民俗体育既是体育又是舞蹈或杂技艺术。如古代的武舞就是最好的例证。徽州的很多民俗体育是从舞蹈艺术中演化而来,它在历史的传承中并没有形成独立的体系,而是与舞蹈、杂技等艺术同生相伴,互为一体,在发展中相互渗透、交互影响。

徽州民俗体育与艺术的互融体现了徽州人用艺术之花来点缀人生之美。徽州的民俗体育与舞蹈、杂技等艺术之间的交互渗透主要体现在以下几个方面。一是徽州的民俗体育具备舞蹈、杂技艺术成分,两者密不可分,很难从体育或艺术的外在运动形式和功能角度将两者区分开来。如至今流传的大刀舞、棍舞、打莲湘、采茶扑蝶舞等徽州民俗体育活动在表演时,表演者的脚步挪移、手臂挥舞、身体翻转等运动形式既具有锻炼身体和娱乐身心的功效,又具有表演欣赏的艺术价值。二是徽州武术与徽州戏曲的相互融合是徽州民俗体育的一大特色,徽州武术通过艺术形式表达武术的艺术效果,通过武术与艺术的互融丰富彼此的形式与内容,以此满足广大民众的健身、审美与娱乐需要。三是徽州民俗体育与文学、徽州雕刻文化联系紧密。如清代徽州学者赵翼在《连日竞渡再赋》中说:"竞渡传从楚岁时,为投角黍吊湘累。谁知千载沉渊痛,翻与人间作水嬉。"徽州的石雕、砖雕和木雕在古代的雕刻艺术遗产中最负盛名,在徽州雕刻艺术中,至今还保存着地方舞龙、舞狮以及杂耍等民俗体育活动图景,这些雕刻而成的活动场景是当时徽州民俗体育的真实写照,也进一步反映了徽州民俗体育文化的兴盛。

二、与生产生活息息相伴

传统徽州的地域经济类型较为特殊,林农经济和徽商文明是徽州地域经济生活的主要内容。徽州民俗体育是徽州人生活的重要部分,它体现了人们对生命的热爱和对美好生活的追求。从运动形式和内容来看,徽州民俗体育与人们的生产生活息息相关;从活动目的来看,徽州民俗体育表达的是庆祝丰收后的喜悦,或者说徽州人参与民俗体育活动的本身就是生产生活的再现,借以表达美好的期盼与向往。

林业兼农业经济劳作方式是徽州经济的主要特点。在徽州传统经济文化中形成的民俗体育具备了典型的林农生产性特征。如徽州板凳龙取材于板凳,板凳是徽州人常用的生活用品,活动时将家庭常用的板凳连接起来,上面点蜡烛,是为板凳龙。

徽州的放风筝活动也是一项与日常生活紧密联系的民俗体育活动。徽州民间,放风筝活动一般在三月至五月开展,届时人们可以尽情享用春天的阳光与空气,享受自然的馈赠,人们用这种简单又有效的活动方式体验生命的状态。可见,徽州民俗体育与民众的生活联系在一起,发挥着强健身体和娱乐身心的功能,成为生活中不可或缺的一部分。

三、与宗教信仰形影不离

徽州民俗体育作为一种民俗生活文化事象具有典型的世俗性,它是徽州人直面当下现实生活世界的文化成果。然而,除此以外,徽州的民俗体育活动还作为一种宗教仪式文化符号为人类创作了一个超自然的存在,并以此来规范人们的生活。民俗体育通过身体活动的形式来表达信仰或崇拜。故此,徽州民俗体育既是世俗生活文化领域的内容,又与神圣领域宗教密切相关,其发展经历了由娱神到娱人的转变。既然两个领域都是徽州民间生活的重要组成部分,那么两者之间必然存在着某种联系。

徽州的宗教信仰和崇拜与万物有灵崇拜、祖先崇拜、英雄崇拜等有着密切的渊源。按照人类社会学的观念,这些宗教及其信仰"说明了人在对'未知'领域的把握中总是在潜意识深处具有对超自然力量的某种程度上的畏惧"①,于是将无法解释的超自然力神秘化和对象化,各种物化的神灵由此产生。如果说宗教信仰是一种观念,那么在宗教仪式中进行的民俗体育活动则是这种观念的实践,人们定期举行宗教仪式来娱神。也可以说,民俗体育是人们表达宗教情感并借以慰藉自己的产物。徽州人表达宗教情感的方式集中体现在迎神赛会或特定的庙会中。徽州的各种迎神赛会可谓综合性的民间宗教文化盛会,各类宗教文化在其中均有体现。体育文化表演是盛会中不可或缺的部分,并伴随着徽州宗教的延续而得以传承。徽州的庙会可谓徽州宗教文化的交流中心,庙会期间举行民俗体育活动也十分频繁。徽州庙会繁多,其中"祭祀关帝的会就有7个之多,如老关帝会、英义会、崇义会、正义会、舒义会、友善会和复关会"②。"忠义"二字可谓关羽精神的核心,后来在社会发展中又演化为"诚信",成为人们精神和道德的楷模而为徽州人广泛信仰。诸如此类的徽州民俗体育文化,在宗教仪式中得以表现,将宗教的精神与意识融入其中,播种到社会大众的心田。通过宗教仪式化让人感受到义薄云天的深厚力量,最终将其精神注入大众的血液中。

当然,从一开始,这些民俗体育活动并没有形成一个独立的民俗体育运动形态,随着社会生产力的进步和人们认识的不断提高,这些运动形态的锻炼和娱乐功能不断凸显,由娱神逐渐向娱人转变,民俗体育的活动形态随着其功能的演变逐渐从宗教仪式活动中分离出来。但尽管如此,今天的徽州民俗体育活动的开展仍然与地域宗教信仰的需求形影不离。

四、与传统节日相互交融

传统节日是最具典型和普遍意义的民俗文化的"大熔炉",同时也是传播民俗体育文化的重要途径和形式。在徽州,民俗体育是节日中不可或缺的活动内容,点缀着节日的气氛,而传统节日则为民俗体育文化的展现提供了最佳的舞台。徽州很多民俗体育活动来源于节日庆典活动,伴随着传统节日的发展而产生。徽州春社日进行的舞草龙活动,就是徽州人在农耕前进行的祈祷仪式,寄望通过舞草龙取悦龙神,期望龙神保佑风调雨顺。这种活动渐渐演变成一种民俗体育活动。

---

① 朱炳祥:《社会人类学》(2版),武汉大学出版社2009年版,第204页。
② 贾磊:《徽州体育文化概论》,兰州大学出版社2010年版,第129页。

徽州民俗体育不仅在传统节日中产生，而且是徽州节日文化的有效载体，体现徽州地域的共同价值观念、思维方式和审美情趣。众所周知，传统节日所负载的内涵是传统文化的折射，徽州民俗体育是徽州民俗文化的"文化链"。徽州的传统节日类型繁多，与民俗体育活动密切相关的节日有生活习俗节日、生产习俗节日、纪念性节日等。在徽州传统节日中所开展的民俗体育活动的表现形式各异，表达的文化内涵也有一定程度的差别，但它与传统节日文化之间相互交融、相得益彰。民俗体育表演是传统节目不可或缺的内容，体育赛事、舞蹈、祭祀英雄人物等成为徽州节日文化活动的主角。

徽州清明的放风筝，端午时的跳钟馗，八月中秋的舞火龙、舞香龙，元宵节的叠罗汉等诸多徽州人喜闻乐见的民俗体育与传统节日是分不开的，因为这些节日为民俗体育的开展提供了时间、场所并赋予其意义。在节日文化与民俗体育的交融中，两者相互影响。一是民俗体育文化随着传统节日文化内涵的演变而不断发生变化，如唐宋时期徽州的划龙舟活动"做竞渡游戏、以娱神与乐人，是半宗教性、半娱乐性的节目"[①]。明清时期，徽州龙舟被赋予新的内涵，徽州划龙舟兼有纪念当地汪越公的意义；民国之后，徽州划龙舟的性质主要是娱乐民众。可见，徽州民俗体育文化内涵和性质是随着年节内涵的演变而发生变化。二是徽州民俗体育在传承中丰富了节日生活文化内容，提高了人们的身心健康，满足了人们的娱乐与交往需求。总而言之，在节日中开展的徽州民俗体育作为一种文化符号既受到节日传统文化的浸蕴，又在节日中观照民俗生活，表现出独特的文化韵味。因此，民俗体育与徽州节日的结缘交融，为民俗体育的展示提供了机缘，这种机缘又大大活跃了节日的气氛，扩大了节日的影响。正如古诗所云："有雪无梅不精神，有梅无诗俗了人。"同样的，在徽州文化中，有了民俗体育而没有节日的衬托，民俗体育活动则显得无精神，有节日而无民俗体育活动则显得俗不可耐。

五、与徽州理学相濡以沫

徽州是理学故里，道学渊源之所在，素有"东南邹鲁"之美誉。宋代以降，理学对徽州文化的影响无处不在，且影响至深。理学集大成者朱熹认为

---

① 沈泓：《节庆狂欢：民间美术中的节俗文化》，中国工人出版社2009年版，第159页。

"理"就是世界的本源,天地存在的根据。把"理"作为宇宙本体的理学实际上是对儒、道、释思想的继承与弘扬。徽州民俗体育作为徽州文化的重要组成,并非纯粹的"市井文化",而是中国传统文化中的"精英文化",它对中国传统文化的包容量和负载能力是巨大的。

理学思想渗透徽州民俗体育,确定了徽州民俗体育的基本风格。如徽州武术是以"道"为追求的最高境界,拳种体系贯穿着人与自然、社会高度和谐的"天人合一"观,体现了徽州民俗体育超越形体形式而追求人生至理的趋向。以"求善"为目的的传统伦理观,决定徽州武术必须崇"德"。这既是徽州人习武行为的准则,又是实践的标准,这成为徽州习武群体的宗旨。不仅如此,理学核心思想中的"和""气"观对徽州民俗体育的外在美和内在意蕴产生了极大影响。理学认为:生命即美,这种美的理想境界是"和"。以"和"为美,追求人与自然的和谐。徽州民俗体育的活动流程处处体现着这种和谐之美,活动过程中长幼有序,各类器材皆绘有各种山水自然与徽州人文图案,深刻体现出人与人、人与自然、人与社会的和谐共生关系。在这种生生不息的生命运动中,将美与善融入其中,又通过这种身体运动把其尊崇的"和"的思想和道德伦理表现出来。在重视伦理道德和注重社会责任为己任的价值取向的渲染下,徽州民俗体育的行为遵循着"温良恭让"的体育精神,强调体育的教化功能。

第二节　徽州民俗体育的文化特征

一、活动的农耕性十分显著

受徽州生产生活方式的影响,徽州民俗体育的项目内容和使用的器材都与农业生产相关,呈现出典型的农耕性特征。

徽州居万山环绕中,川谷崎岖,峰峦掩映,山多地少。民众处在传统的男耕女织的农耕社会,思想观念、文化风俗表现出典型的中国传统文化特点。徽州不是粮食生产的适宜地区,却是林业生产基地。徽州山区森林资源丰富,木材品种繁多,有松、杉、梓、柏、椿、榆、槐、檀等,其外则有纸、漆、茶等重要商品。以林业为主体经济的徽州人不仅保留了农业社会的农耕文化气息,同时还创造了极具山区农林文化特点的民俗体育文化。民俗体育的农耕文化特色,主要体现在农事活动之余,休闲娱乐的项目居多。民俗体育活动方式与农业耕作生产,劳作耕种工具,农耕民族的生活方式、风俗习惯相关。例如舞抽担多半是劳动生产过程中或是劳作休息间隙时在田间地头进行。

民俗体育作为徽州民众在农闲或节日里的重要活动内容,经常载歌载舞、玩耍比试,具有浓郁的乡土气息,表现人们热爱生活、热爱劳动的喜悦心情。如扑蝶舞、蚌壳舞等,既具有鲜明的民族色彩,又具有浓郁的地方风趣,突出体现了徽州民俗体育的农耕文化特征。在徽州民间至今仍然存在的稻草龙、扑蝶舞、板凳龙、嬉鱼灯、舞龙灯等民俗体育活动,均体现出徽州农耕文化特点。清同治《祁门县志》记载,八月中秋,“夕设瓜果拜月……又缚稻草为龙,插香周遍,数人共持舞之,至溪涧东向送之,以祈丰年”①。民国《歙县志》说,徽州八月中秋,“农人且束藁为龙,燃香遍插龙体,鸣钲伐鼓游月光下”②。在龙身上插上香火的称为火龙,以稻草扎成的称为稻草龙。舞龙活动在徽州一年要进行两次。一次在八月,舞火龙或舞草龙;另一次在元宵节,舞烛龙。无论是舞龙的制作工艺还是活动目的都折射出农业文化的特点。又如被列为省级非物质文化遗产名录的祁门县采茶扑蝶舞更是体现了山区生产劳动的文化特色。此外,板凳龙、舞抽担、举石担等取材于当地的林木,这些活动要么为庆贺而舞,要么为娱乐、祭祀山水树木等自然神灵而舞,极具徽州农耕文化特色。

二、活动的宗法性极为突出

民俗体育的活动形式与特定的社会关系有着密切的联系。新安理学是徽州历史文化存在和发展的指导思想和精神支柱。徽州的民俗体育具有伦理教化、修身养性等儒家文化特点,这也是徽州人的体育价值取向。徽州的民俗体育群体活动大多以宗族为单位,遵循尊卑有序原则,追求伦理教化与修身养性作为活动的最高境界,推崇集体精神和忠孝文化。在徽州大量内容繁多、规模盛大的祭祀活动中,为纪念祖先和忠孝人物举办的庙会比比皆

---

① 周溶修,汪韵珊纂:《(同治)祁门县志》卷五,江苏古籍出版社1998年版,第61页。
② 石国柱、楼文钊修,许承尧纂:《(民国)歙县志》卷一,江苏古籍出版社1988年版,第40页。

是。例如,徽州人建有专门祭祀张巡和许远的双忠庙,庙会期间都要举行跳五帝、得胜鼓等民俗体育活动。这些民俗体育活动为维护徽州地方社会关系起着调控作用,有着突出的宗法伦理性色彩。

徽州旺族大姓是由中原移入,在相对独立和封闭的地理环境和文化背景中,形成了牢固的宗族意识,逐步创造出独具特色的徽州宗族文化,并不断完善和兴盛繁荣。民俗体育活动成为凝聚、稳固、沟通族群和构建社会关系的平台,这有利于巩固宗族社会地位和声望、维持传统社会秩序。如歙县的叠罗汉、嬉鱼灯等民俗体育活动,从活动的准备、练习、表演到活动的仪式、形式以及所表达的文化内涵,无不体现出宗族文化的因子,体现出宗族的关系和力量,成为整个村落的重要活动内容和维持秩序的重要手段。徽州民俗体育除了自山越文化传承下的傩舞等,在随后的社会发展过程中,也创造出如大刀舞、嬉鱼灯、抬阁、扑蝶舞等多种民俗体育活动形式。它们所承载的是徽州居民劳动之余、收获之际、节日欢庆的喜悦心情,同时表达了民众的心理祈盼和祝福,是凝聚和维持社会关系的体现。

三、活动的宗教性色彩强烈

文化心理存在的基础是人的需要,这是民间体育传承的生命力所在。在地方社会历史进程中,徽州民俗体育是在满足人们多种需求的基础上传承和发展的。徽州人对宗教信仰需求表现最为强烈。在徽州的民俗体育形成、发展与流变过程中,佛教和道教文化对其产生一定的影响。大约在宋代,佛教与道教就已经在徽州广为传播,徽州境内及附近有道教圣地齐云山、佛教圣地九华山,徽州境内地方性信仰的建筑比较多,如歙县叶村就有关帝庙、土地庙、观音庙、灵宫庙等。对神灵的崇拜和祭祀仪式活动较为普遍。"祁门地方最重神道,岳帝、祖师、地藏、五显、土地莫不会有"[①]。

徽州的叠罗汉具有典型的佛家文化色彩。跳钟馗、游太阳在徽州一府六县流行较广。相传钟馗疾恶如仇,除恶务尽,祭祀钟馗活动可以避邪除灾。游太阳是专门用于祭拜太阳公汪华的,在活动时设有道场,等等。这些祭祀性民俗体育充分反映了图腾崇拜和驱鬼逐疫、求吉利的宗教色彩。

---

① 刘汝骥:《陶甓公牍》卷十二《法制科·祁门风俗之习惯》,梁仁志校注,安徽师范大学出版2018年版,第260页。

早期的徽州民俗体育如敬天祈神、驱灾避邪和祭祀等迎神赛会,和原始宗教及巫术有关,其项目内容和功能都比较单一。随着经济发展和文化繁荣,徽州民俗体育的项目、形式及其表达的内涵逐渐多样化。节日民俗中常出现的舞龙灯、舞狮子等大型娱乐性体育活动,目的在于娱神、媚神和教化、娱人。它们是围绕宗教祭祀等而开展的体育活动。徽州民俗体育如同一个强大的文化磁场,把体现徽州文化的思维方式、伦理道德、价值取向、心理状态等汇聚成强烈的心理认同。

四、活动的娱乐性与教育性互为补充

徽州民俗体育文化是多元共生的,它发源于民间社会最底层,属于典型的草根文化。徽州民族体育由娱神逐渐演化为娱人的活动。徽州素有"春节重在礼、元宵重在乐"的谚语。今天在调查中发现,徽州人之所以参与民俗体育活动主要是因为它能给人带来欢乐,兼备了娱神和娱人的双重功效,无论在节日中还是在社会生产、宗教祭祀、文化艺术中它都发挥着娱乐的功能。这些至今还盛兴在徽州民间的民俗体育活动充分表达了人们渴望吉祥如意、美好快乐的愿望,其地域生活气息浓厚。明清时期,诸如踩高跷、划旱船、舞狮子、春游、踏青等民俗活动承袭了宋代的人文传统,由最初的对土地与火的崇拜向综合性娱乐化演进,成为徽州民间文化活动的重要内容。这些以乐为主的民俗体育活动不仅出现在各类节庆中,也集中出现在徽州的各类庙会中。这些民俗体育的表演吸引了周边十里八乡的人们前来欣赏游玩、交流技艺,给各种民间集会增添了热闹气氛。徽州民俗体育根植于民间大众的社会生活,取材于民间,带着浓厚的乡土气息,其内容丰富,充分表达了徽州先民期待平安和愉悦热闹的幸福生活,是徽州人展示欢乐喜庆之情的有效形式。

徽州民俗体育的教育性特质与少数民族体育文化有着很大的差别。少数民族体育的文化教育性主要是"通过体育技能的传授,潜移默化地使族人的后代感到自己民族文化的恢弘灿烂,进而去为自己民族的进步做可能的努力"[1]。所不同的是,徽州民俗体育蕴含的教育资源更为丰富。崇尚孝道是徽州宗法制的核心思想。在此思想的规约下,徽州人往往在重要时日进

---

① 饶远等:《中国少数民族体育文化通论》,云南人民出版社2012年版,第83页。

行祭祀和祭奠活动,通过有形的民俗体育活动的开展将宗法制的核心思想无形地向下代传递。例如,至今仍然在徽州流行的许村大刀舞就是较为典型的家族制教育形成的结果。徽州人在中秋节、端午节进行的各类民俗体育活动的目的是祛病驱邪,这集中反映了徽州人厌恶邪恶、向往美好、珍爱生命的愿望。这些美好的愿望通过体育活动的开展来实现,这是徽州民俗体育所负载的教育文化特质。当然,徽州民俗体育中也夹杂着愚昧的成分,如活动的表演人员都是由男性组成,这反映了徽州男尊女卑的文化观念,对此,我们在传承徽州民俗体育时要高度警惕,以科学的精神予以剔除。

五、活动的生活性与审美性相点缀

徽州民俗体育来源于生活,又服务于生活。它依托徽州各地的风俗而存在,分布在民间生活中,体现在徽州人的生活方式里。通过民俗体育活动的开展可以让人感受生活、热爱生活、创造生活,并将创造的成果运用于生活。

徽州舞草龙、舞火龙等民俗体育活动是在春耕或秋收时进行的一场文化盛宴,具备驱邪娱神的功能。徽州土地多贫瘠,粮食作物产量低下,徽州人在春耕前进行舞草龙活动目的是祈神保佑风调雨顺、谷物丰收,而在每年的秋收时,徽州人皆要进行舞火龙进行酬神,表达丰收后的喜悦与激情,通过舞火龙等民俗活动方式来尽情享受生活。

此外,徽州的传统节日中开展的放风筝、舞狮等民俗活动是人们在农闲时加强锻炼、增强体质,为以后的农业劳作做准备,同时也是借此时机切磋劳动技能和协调人际关系的重要形式。徽州民俗体育大多是群体性的文化项目,如舞龙、大刀舞、叠罗汉等,需要集体共同协作方能完成,这就要求族人同心协力。在农闲时节进行民俗体育活动正符合一张一弛、文武之道的传统文化原则。徽州艰苦的环境铸就了徽州人坚毅的性格,形成了奋发有为的人文精神,为免于在节日中过度懈怠,徽州人将民俗体育活动运用于日常休闲生活之中。如徽州板凳龙活动正是在农闲时进行的,具备锻炼身体、开发智力、储备体能的功效,以应对接踵而来的劳动生活的挑战。此类民俗体育为徽州人提供了张弛有序的生活方式,同时也为满足人们精神与物质生活的双重需求提供了条件。

徽州民俗体育活动的表现形式及器材的制作与使用大都遵循传统的美学原理。"和谐对称"是传统美学的基本原则,这也是中国人审美观念的总结和提升。所谓和谐对称,就是指配合的适当和匀称。对徽州民间社会生活高度浓缩和立体呈现的民俗体育更是注重和谐对称,即在人与自然之间追求最佳的协调,体现着人与自然的和谐统一。在不同的节日和场合中,徽州民俗体育所表达的内涵各异:春节舞龙、舞狮是为迎接新年的到来,立春舞草龙是为期盼希望,端午跳钟馗是为驱瘟避邪,中秋舞火龙是为庆祝丰收的喜悦,等等。这些内涵各异的民俗体育活动随着岁时的不同虽表现各异,但都与四时节庆的时序协调同步,都在欢乐和生活中得到回应和照应。这正是徽州人在认识世界和改造世界的过程中将自然与人的和谐不断提升的结果,并借此感悟人生真谛,体验生活韵味。此外,徽州民俗体育作为徽州文化的重要成果之一,以其特有的表现形式表达着对生活的理解和对生命的态度。徽州民俗体育外在形式和内在生命的统一性,体现着徽州民俗体育文化形神兼备等审美追求和对美好生活的点缀,饱含了浓厚的生活审美情趣。

六、活动的民族情感与民族精神高度汇聚

体育具有浓烈的民族特质。如中国武术、韩国跆拳道、美国的篮球等具有典型的民族文化气息,体现的是一个民族的文化性格。一般来说,体育的民族特质是它区别于其他体育文化的重要特征,在一定范围内这一重要特征升华为特定群体的思维方式并融入他们的生活方式中,物化在人们的物质产品中。徽州民俗体育是极具典型地方特色的文化形式,无论在运动形式还是在人们的内在思维中都具备独特的文化特质。

徽州是个相对稳定的地理单元,在历史发展进程中呈现出显著的宗族制特点。这一特点和性质无时无刻不影响着徽州社会生产和生活的方方面面,也时刻影响和左右着人们的思想与言行。徽州民俗体育作为一种文化符号在相对稳定的族群内始终是为维护宗族既有秩序和稳定而服务的,这种文化符号成为各族群内部保持向心力和凝聚力的重要纽带,在社会发展中成为徽州人的一种文化情结,沉淀为一种文化根脉而区别于其他民族的

文化。"文化体系以民族为载体,民族以文化为聚合体。"①徽州的民俗体育虽然只是徽州文化中的一个"碎片",却牵系着徽州人的文化情感,这种文化情感逐渐升华为民族心理和民族精神,从而成为民族情感和民族精神的表现形式之一。作为一种文化形式,徽州的民俗体育对宗族全体成员都将产生无形的吸引力和统摄力,成为族群的精神纽带。

对徽州民俗体育民族性特征的分析,离不开它独特的文化土壤。正是徽州民间独特的乡土性土壤造就了徽州民俗体育的民族性特征,物化在民俗体育的外在形式上,逐渐形成了一种文化传统,成为区别于其他民族体育的显性标识。据此,徽州民俗体育不仅仅是一项身体运动,其中蕴含着徽州人对地方乡土的适应、对生活的理解和对内心情感的表达,将人们的心理特质隐含于身体运动形式之中。民俗体育的活动形式与特定的社会关系有着密切的联系,其活动方式是处在一定的社会关系之中,集中体现了社会关系的需要。徽州民俗体育在协调地方社会关系中发挥着重要作用,有着突出的民族情感和民族精神色彩。

---

① 张选惠:《民族传统体育概论》,人民体育出版社2006年版,第87页。

第五章 徽州民俗体育的社会变迁

——以徽州叶村叠罗汉为例

　　文化的变迁总是伴随着社会历史的足迹和文明的演进而不断发生的,民俗体育也是如此。民俗体育的发展是社会变迁的晴雨表,同样昭显着社会的发展履迹。民俗体育的形成、发展与流变在一定程度上反映了社会的发展和变迁。对徽州民俗体育与徽州社会作微观考察,有利于深入揭示传统徽州社会的基本面貌和特征,有利于构建区域性民俗体育的宏观研究框架,也有利于探索民俗体育的微观分析路径。徽州民俗体育在人们的生活需求中产生,与徽州社会的思维方式、精神风貌、价值取向等因素密不可分,其文化脉络里积淀着徽州地方社会的社群特色、宗族特征和自然风貌。

　　徽州民俗体育的变迁与徽州社会发展是相互联系的,不能将两者对立起来。民俗体育既是一种文化现象,又是一种社会现象,民间大众既是社会的主体,又是民俗体育的创造者和传承者,两者有统一的内在关系。但就文化的发展而言,对徽州民俗体育的研究,不能只从其自身的特征和现状看其未来发展,更不可能以此揭示其内在的发展逻辑和可能的发展方向,而要从徽州地方社会和文化的视野来理性认识徽州民俗体育形成与发展的逻辑,从理论高度上对其进行归纳,这不仅涉及徽州民间文化的当代意义,还可以为徽州民俗体育的发展获得可能借鉴的观点或视角。

　　那么,徽州民俗体育和徽州社会这两个相对独立又相互联系的系统之间存在怎样的内在联系? 社会发展对民俗体育的变迁起着怎样的决定作用? 这些内在的逻辑对发展今天的徽州民俗体育又有哪些启示? 对这些问题进行具体而细微的研究,将有助于反映徽州民俗体育的社会生活实态及体育与社会的关系,有助于我们认识民俗体育变迁的内部规律,指导民俗体育实践,同时为丰富和发展新时期传统体育的基础理论,为未来农村体育发展路径提供可以借鉴的理论依据和运行模式,对构建我国民俗体育学科体系有着重要的理论意义。

第一节　社会结构的变化与徽州民俗体育的变迁

"新安各姓聚族而居,绝无一杂姓搀入者。其风最为近古。"[①]对徽州地方社会的考察不能一概而论,在研究徽州民俗体育与地方社会之前,有必要采用农村社区研究的方法对徽州具体村落社会进行微观考察。为此,选择徽州叶村及有500余年传承历史的叠罗汉民俗体育文化作为个案研究。之所以选择叶村叠罗汉作为个案,一是因为叶村是以徽州十大家族之一的"洪"姓家族为主体的宗族制社会,叠罗汉活动的文化底蕴深厚,叶村的自然环境和人文环境极具典型性。作为叶村社会群体价值和集体情感凝练而成的叠罗汉体育活动,其本身既是一种文化现象,又是一种社会现象。二是因为叶村在徽州的村落中显得很普通,与世界文化遗产的徽州西递与宏村相比更显得名不见经传,但是唯其普通才赋予考察的普遍性意义。

"文化变迁,是指一种文化由于内部的发展和外部的接触所引起的功能与结构、形式与内容的改变。"[②]由此而言,民俗体育的文化变迁不仅仅是内容的增加或减少,还体现在结构和功能的改变上,其结构与功能变化的因素包括外部因素和内部因素。就外部社会影响而言,对文化变迁起主导作用的因素包括两个:一是王侯的引导,二是社会结构。所谓王侯引导即为国家政治强力推动的社会上层文化,民俗体育文化不同于一般意义上的上层文化,它是民间社会生活的组成部分,并没有经过文人或统治阶级的"雕琢",带有粗犷性和乡土性质。对此事象的研究,应深入到特定的社会文化环境中考察其生产场域和接受机制。就叠罗汉民俗体育活动而言,应具体考察它的起源过程及其与社会结构的关系。在影响叠罗汉起源和历史变迁的诸多关系中,社会经济、社会组织、社会人口、地理环境和社会心理等社会要素共同决定了传承主体对叠罗汉的需要。

为清晰了解叠罗汉在不同社会历史进程中所处的状态,以文化的"三元结构"理论为基础,将叠罗汉活动的文化结构分为外在传承形式(物质层)、组织方式(制度层)、内在的精神内涵三个部分加以探讨,从活动的内容、形

---

① 唐力行:《徽州宗族社会》,安徽人民出版社2005年版,第36页。

② 朱炳祥:《社会人类学》(2版),武汉大学出版社2009年版,第218页。

式、组织保障,活动的目的和意义等几个关乎民俗体育发展的关键性元素来研究叠罗汉的历史变迁过程。

需要特别指出的是,探讨民俗体育的变迁问题需要对不同的社会历史阶段进行划分,这就涉及社会变迁。文化变迁与社会变迁有本质区别,因为两者之间的变迁有时并不同步,只有当社会结构发生了较大变化时,民俗体育文化才会发生变迁。这里重点探讨的是民俗体育叠罗汉文化的演化过程,应依据叠罗汉结构与功能产生巨大变化的时间点对其进行阶段划分。根据叠罗汉文化的明显改变和叶村社会结构的发展特点,将叠罗汉的变迁分为传统期(1949年前)、社会转型期(1949—2000年)、现代发展期(21世纪以来)三个阶段。

一、传统叶村社会与叠罗汉

(一)传统叶村社会结构与特征

传统叶村社会主要指中华人民共和国成立之前的徽州叶村。在历史上徽州很少受战乱的影响,因而是个稳定的文化地理单元。特殊的地理环境、稳定的宗族制社会结构、推崇理学的文化传统三者互动构成叶村的生存系统,社会结构的基本要素在社会变迁中没有太大的变化。正因为在中华人民共和国成立以前徽州叶村的社会结构较为稳定,故这一时期的叠罗汉活动始终处于原生态的自然传承状态。

叶村位于徽州歙县东南部,东临浙江,左倚清凉峰国家级自然保护区,右临昌源河,四周群山高耸、峰峦叠翠、林木葱郁。不远处有《水浒传》中描写的"昱岭关",有"尼姑背和尚"峰,有岳飞挥刀斩龙的"狮子岭",还有清凉峰上的"石剪刀""仙人锯石""猿人上山"等奇峰怪石。徽杭高速公路两旁,民居密布,鳞次栉比,纵横有序,粉墙黛瓦,高低错落,黑白相间,淡雅清秀,长街短巷,犬牙交错,扑朔迷离,宛如人间仙境。当年朱元璋路过此地,发出了"横巷不通直巷通,处处美景皆画中"的感叹。这里英才辈出,有清代状元、外交家洪钧,有哲学家洪谦,还有现代京剧《沙家浜》阿庆嫂的扮演者洪雪飞等。1998年,三阳乡被歙县县委县政府命名为"徽州文化长廊"线上的"民俗文化之乡",2008年被文化部命名为"中国民间文化艺术之乡"。

据资料记载,叶村洪姓家族的始祖洪经纶在唐代从淮阳迁往叶村定居,繁衍后代。叶村的地理环境相对封闭,依山而建,人员少有流动,是一个典型的以洪姓家族为主体的血缘社会,一直延续着以家庭为生产单位的自给自足式的小农经济。家族式生产与经济体制必然要求设立族田、族产来应付和处理各种公共事务。为应对自然灾害,祈求祖先和神灵保佑成为抵御风险的必然选择和普遍的心理意识。对乡土神和祖先神的信仰与崇拜成为叶村的主要信仰体系。叠罗汉以堆叠的方式,将叶村民众对祖先和神灵的崇拜及对美好生活的向往表达得淋漓尽致。叠罗汉的产生满足了民众的社会生产生活需求和精神需求。叠罗汉不仅仅是一项身体运动,更包含着叶村民众对社会生活的理解,是文化观念和审美方式的表达。表6所示为传统叶村自然环境、社会结构和社会心理一览。

表6 传统叶村自然环境、社会结构和社会心理一览

		内容
自然环境		叶村自然环境相对封闭,四面环山,处在高山、梯田、土质呈酸性的恶劣自然环境下,"郡之地隘斗绝在其中,厥土骍刚而不化。高山湍悍少潴蓄,地寡泽而易枯,十日不雨则仰天而呼。一骤雨过,山涨暴出,其粪壤之苗又荡然空矣。"[①]
社会结构	生产方式	以农业生产为主,粮食产量很低,人们过着自给自足的自然经济生活
	社会组织	以洪姓为主体的宗族制社会,社会构建由家族、家庭组成,聚族而居,尊祖、尊卑有序的等级观念尤为突出。人口发展相对稳定,由家族构成的"会社"是其重要的社会组织形式,发挥着自我管理和自我服务的职能。村中大小事务均由会社成员商议决定,文化活动由族长牵头,由会社来组织,并有严格的组织规定,组织形式为洪姓群体参与,性别差异明显,有很强的排他性
社会心理	信仰体系	对乡土神和祖先神的信仰与崇拜是叶村的主要信仰体系,同时还保存着越人信鬼的习俗。驱鬼避瘟,趋吉避凶是叶村文化活动的心理基础
	价值观念	程朱理学是叶村人的思想指南,礼、孝等观念深入人心

---

① 嘉靖《徽州府志》卷二之三《风俗志》。

(二)传统社会叠罗汉的传承状态

叠罗汉的活动内容与形式。据现在的叠罗汉传承人洪允文老人介绍,叠罗汉大约形成于明代中叶,起源于徽州民间的宗教文化,以祈福、驱鬼、祭祀祖先为主要文化特质。叠罗汉活动的内容分为活动仪式和活动表演两个部分,正式表演前所有参加表演的人员要到洪氏宗祠舒伦堂焚香化纸参拜祖先,接着是游罗汉,即参演者打扮成罗汉的模样到各家各户游行,游罗汉结束后,还须走台,各罗汉手执一灯绕表演场地走三圈,寓意驱鬼保平安,走台结束后,叠罗汉活动正式开始。表演的动作有严格的规定,其动作程式有"宝塔连""树荷花""蜡烛台""1至6柱牌坊"等堆叠动作,共66式,寓意六六大顺,类似古代踏肩。活动时间选择在每年的正月农闲时节,正式表演是在深夜子时。

叠罗汉活动的装备与场地。表演时,各"罗汉"剃光头发,上身赤裸,下身着罗汉装。表演的场地主要在洪氏祠堂舒伦堂中,无锣鼓敲打,也无音乐伴奏,活动的气氛较为严肃庄重,具有很强的神秘性。

叠罗汉活动的组织。除夕夜一过,由会社族长牵头,成立专门的罗汉班,由洪姓族中德高望重的长者担任罗汉头,组织叠罗汉活动,邀请全村村民参与活动。活动的开展往往局限于本族或本村范围,各家各户均是自愿参与。罗汉扮演者皆为男丁,由族长集中推荐,最终由罗汉头确定。届时,罗汉头向入选的罗汉扮演者发出"罗汉帖"。接到"罗汉帖"的男丁将帖供于堂前,准备参演。

叠罗汉活动的经济保障。由于活动形式单一,开支较少,经费来源于洪氏祖产。

开展叠罗汉活动的精神内涵。以血缘关系为纽带组成的单姓社会,家族认同力极强。村民对祖先和自然神灵的崇拜尤为突出,洪氏宗祠舒伦堂是对祖先崇拜最直接的物化体现。叶村人希望通过这项宗教祭祀体育活动——叠罗汉的表演取悦罗汉亡灵,以敬祖祭神、避邪驱瘟,希望获得神灵保佑,进而获得美好生活。

显然,叠罗汉在历时性的变迁中,将叶村地方社会传统、审美情趣、时代文化元素相互融合,以适应社会和自身生活需要。它的变迁进一步说明民间文化体系内部不是处于静止不变的状态,而是始终处于活跃的互动之中,但这些变迁是在传统徽州地方社会生态没有发生根本变化,或是在社会生产生活和思想基础大体保持一致的条件下进行的,它对叠罗汉的文化结构和传承空间不会造成实质性改变。

二、社会转型中的叶村社会与叠罗汉

(一)社会转型中的叶村社会结构与特征

社会转型是指以农业的、匮乏的、封闭式为特征的传统社会向以工业的、市场型、开放性为表征的现代社会转型。叠罗汉在叶村传承,具备了三个基本的生态条件:一是农业型封闭式的乡村空,二是稳定的传承主体,三是具有共同的传统心理基础。中华人民共和国成立后,叶村的社会结构在变迁中发生了很大变化,1952年叶村通往歙县县城的公路贯通,打破了原有的交通不便状态。对外交流加强,外来人口增加,外部的文化娱乐活动开始不断向叶村传播。林业资源得到重视并得到有效开发,经济结构呈现出多元化。"乡镇治村"的格局在叶村基本形成,但文化事务是由政府领导、村民自发组织的。叶村人的宗教信仰开始逐渐淡化,社会转型改变了叠罗汉的生态条件,也打破了原有的自然隔离,城市与乡村的互动带来了现代文化的输入,从根本上瓦解了叠罗汉的传承根基,也使传承主体的价值体系发展变化,这些直接动摇了叠罗汉的生存基础。一般而言,城镇化的实质是社会生产力的进步引起乡村社会群体生产生活方式及其价值观念向现代转型的过程。叶村城镇化进程对叠罗汉生存基础的冲击是直接和彻底的,特别是生产生活方式的变化从根本上推动了叠罗汉的当代变革。表7所示为社会转型中叶村自然环境、社会结构和社会心理一览。

表7 社会转型中叶村自然环境、社会结构和社会心理一览

		内容
自然环境		叶村交通便利,山林水泽得到开发,林业资源得到有效利用
社会经济	生产方式	以农业、林业、畜牧业为主,也有外出打工谋生的,生产方式出现多元化

		内容
	社会组织	叶村"乡镇治村"格局形成,宗族势力逐渐减弱,会社退出了历史舞台。1986年,三阳乡成立,下辖叶村等多个自然村。叶村成立了由村民选举产生的村民委员会,村委会发挥着自我管理和自我服务的职能。村中大小事务均由村民委员会商议决定,文化活动被视为一种娱乐方式,由乡政府牵头,村民委员会来组织,参与人员性别差异不大,他姓人也可参与
社会心理	信仰体系	水利、医疗、卫生事业的发展不仅带来人口的增加,还使科学技术深入人心。在科学无神论思想的感召下,叶村的民间禁忌逐渐解除,但对祖先的祭祀仍然存在。宗教信仰需求减少,文化娱乐需求增多
	价值观念	徽州文化得到整理和宣扬,徽州文化成为叶村人的骄傲,倡导男女平等

(二)社会转型中叶村叠罗汉的传承状态

叠罗汉的活动内容与形式。每年正月十五,罗汉开始游村。罗汉游村时,由锣鼓开路,各罗汉后是滚灯、五兽灯、舞狮表演。表演过程中,烟花爆竹齐鸣,场面欢腾。整个队伍由祠堂出发绕村中一周,再返回祠堂。罗汉游村结束后,开始叠罗汉,其演练程式较前期有减少,动作造型凸显惊险和精巧,强调表演的感染力。程式动作主要有:"1至6柱牌坊","宝塔连","挑担卖柴","童子拜观音","金鸡飞","树荷花","蜡烛台","秤砣"等。

叠罗汉活动的装备与场地,表演时,各罗汉表演者的着装没有严格的规定,接近生活化。表演的场地主要在洪氏祠堂舒伦堂前的开阔广场。活动时有锣鼓敲打和音乐伴奏,每一个程式动作表演前均有报幕人员作简要介绍,一如舞台表演。活动的喜庆气氛十分热烈。

叠罗汉活动的组织。春节之前,由三阳乡政府牵头,叶村村民委员会成立专门的罗汉班,要求全村村民参与活动。邻村、外乡人或游客也可参与。叠罗汉活动的各组织管理者之间的合作较为默契。活动期间,管理者实行层层负责制,但在具体的分工中,其职责并不是十分明确。在具体的活动组织中,乡政府负责卫生、治安等安全管理,村长负责人员的确定、资金的筹集、叠罗汉所需器材和爆竹的购置等,现年67岁的叠罗汉传承人洪允文先生负责套路动作的教学和排练。整个活动似乎没有领导和被领导的关系,各层之间更多的是合作关系。

叠罗汉活动的经济保障。叠罗汉作为重要的文化遗产得到三阳乡政府的高度重视,乡镇府每年拨一部分经费为叠罗汉活动的开展提供支持。叠罗汉活动与叶村的滚灯、五兽灯、舞狮等活动相结合,人员多、场面大,所需的活动经费很大一部分是由村民自愿捐资筹集,多少不限。

开展叠罗汉活动的心理动机。这一时期人员的参与动机较为复杂,在对叠罗汉传承人的访谈中了解到,不同人群的参与动机不一。村中有文化的人认为,叠罗汉的很多动作程式富含徽州文化内涵,与家乡人的生活密切相关,人体组成的"牌坊""挑担卖柴""秤砣"等与徽州自古多牌坊和叶村的生产生活文化息息相关,通过活动的开展,可以保存和宣扬家乡的文化。村民中一些老人则认为叠罗汉能给大家带来平安。而大部分的村民认为,叠罗汉活动丰富了节日的喜庆气氛,参与活动是为了娱乐。

三、现代叶村社会与叠罗汉

(一)现代叶村社会结构与特征

21世纪以来,社会的全面发展带来了叶村社会结构的一系列变化:在国家"村村通公路"的政策下,叶村修建了通往黄山市区的干道,2004年,途经叶村的徽杭高速公路正式通车,叶村人对外交流进一步加强,尤其在城镇化建设中,叶村的人口快速涌向城市。叶村交通的改善,使其与城市交流得到加强,从而改变着人们的人际关系,深刻影响着村民的生活方式与风俗习惯,呈现出城乡一体化态势。城乡一体化使原有的封闭式的传承隔离机制得到解除,叶村农民进城以及相伴而来的城市现代文化的强大辐射力给叶村人的生产生活带来很大变化。在市场经济杠杆的强力推动下,过去那种以洪姓家族为依托的群体价值取向明显减弱,转而向追逐物质利益的价值取向转变。群体价值观的改变对叠罗汉活动造成的影响:一是不断富裕起来的村民对文化的需求开始向娱乐型和消费型转变,现代广场舞等活动在叶村得到推广,以宗教信仰为依托的叠罗汉活动开始退出村落空间;二是物质利益的追逐为叠罗汉活动提供了舞台,叶村民众借助当地旅游市场将叠罗汉活动进行现代开发,为适应旅游市场的需求,叠罗汉活动的内容与形式等发生了巨大变化。

在文化产业发展的时代背景下,叶村的文化得到产业化开发,外来旅客和商人逐渐增多,其社会生产方式进一步发生了变化。城市文化对传统生活方式的冲击,使叠罗汉传承的基础被打破。随着近几年叶村城镇化进程的加快,大量的城市文化涌进叶村,叶村也修建了用于群众锻炼的公共场所,现代性的体育项目在叶村得到有效开展,叠罗汉活动所依附的传承基础受到挤压。

乡政府专门成立了文化部门来组织管理体育、文化事业。社会的现代化特征极为明显,文化隔离机制的解除,为叶村现代文化的输入打开了通道,群体思想价值观发生巨大变化,引起叠罗汉传承的路径和文化结构发生变迁。叠罗汉活动的传承离不开人这一重要载体,人的生存和发展状态在某种程度上决定着它的延续和发展状况。在当代社会转型中,叶村人口流动、民众的审美情趣对叠罗汉活动的变迁产生影响。社会生活方式的改变也影响叶村民众的审美情趣和情感需求,致使传统叠罗汉的表现形式难以为继,这就从内涵和外延两个方面分化了叠罗汉的传承主体。随着城镇化步伐的加快,大量的叶村村民进城,从而在数量上削减了叠罗汉活动的传承主体,以致出现"艺人不继"的状况,依靠口传身授的叠罗汉活动在村落传承中日渐式微。而乡文化管理部门通过聘请专业人员对叠罗汉活动进行创新升级,改变传统的活动模式,以一种崭新的审美标准和表现方式将叠罗汉呈现在各种商业活动中和当地旅游者面前。在内容上,保留了具有徽州文化意蕴与特色的"1至6柱牌坊""童子拜观音"等个性化程式,同时增加了具有时尚性的跳转、伏卧、支撑、悬垂等组合程式;在表现形式上,以力量和惊险衬托阳刚之美,将古典美和现代美融为一体,使其极具艺术感染力。这些内容与表现方式的转变既是历史继承,又是当代突破,是社会转型中人们的文化需求不断发展和演变的结果。在各种商业活动和当地旅游表演中的叠罗汉传承者,更多的是从传统叠罗汉传承的链条中分离出来的,成为当下叠罗汉表演的"专业运动员"。随着这些专业选手的表演为更多人接受,进一步加快了村落叠罗汉传承主体的分化。表8所示为现代叶村自然环境、社会结构和社会心理一览。

表8　现代叶村自然环境、社会结构和社会心理一览

		内容
自然环境		叶村交通更加便利,农田水利设施大大改善
社会经济	生产方式	以工业、农业、旅游业为主,生产方式呈现多元化
	社会组织	人口流动现象严重,年轻人多外出经商和打工,村民出现贫富差距。"乡镇治村"的格局已经形成,统一管理政治、经济、文化事业,宗族管理村落事务完全退出历史舞台。2003年,三阳乡成立文化管理部门,统一管理各村落的文化事业发展
社会心理	信仰体系	民间的宗教信仰体系基本瓦解,只有少数老人还保留着生活上的禁忌,年轻人的民间信仰已经荡然无存
	价值观念	发展经济、崇尚民主和自由等已经成为村民共同的价值标准

(二)现代叶村叠罗汉的传承状态

叠罗汉的活动内容与形式。在徽州旅游经济开发和城镇化建设中,叶村从事农业生产的人员逐渐减少。这一时期的叠罗汉开始走出大山,作为一项民俗体育文化到各地进行商业化演出,同时也为外来游客进行表演。这一时期的叠罗汉活动的内容根据游客或各地商业性演出的市场需求,选择性地将展演程式压缩到30个;动作的名称较前期基本没有太大的变化,但增加了游客和观众的参与环节,以获取经济利益。作为一项文化消费产品,其活动取消了仪式部分,也不进行专门的排练。

叠罗汉活动的装备与场地。表演时,着装有统一的规定,均是身穿和尚服、头戴和尚帽,同时增加了一些现代元素。由于是商业性活动,活动的场地并不固定。

叠罗汉活动的组织。叠罗汉活动的人员一般由村民自发参与。因为参加一场活动可以带来80~100元的经济收入,所以村民都乐意参加,并自发成立罗汉演出队,邀请专业性演出指导员予以指导。但这一组织是临时性的,有邀请时,大家聚集到一起,活动结束,组织也自动取消。

叠罗汉活动的经济保障。活动的经费主要来源于商业性演出。近几年在国家全民健身和非物质文化遗产保护政策宣传下,叠罗汉活动得到电视台等媒体的广泛宣传,也有商家出资赞助。

开展叠罗汉活动的心理动机。据课题组的现场访谈发现,这一时期的参与动机主要有两种:一是40岁以上的村民是为了让祖先留下来的"绝招"

不再失传,二是40岁以下的村民纯粹为了经济收入。

第二节　徽州民俗体育的内部变迁方式

对社会结构变化中的民俗体育进行描述,旨在探索社会结构变化与民俗体育变迁之间的关系。在社会发展进程中,民俗体育的内在文化结构与功能是如何变迁的? 或者说,徽州民俗体育在社会发展的时空中变迁的内在逻辑是什么? 这需要从以下几个方面进行阐释。

一、民俗体育的内容与形式变迁:从村落到舞台的分化

变迁主要来源于系统对外部环境的适应以及社会中群体的创新,"当环境的改变有利于民众新的思想模式和行为模式时,社会文化变迁的先决条件就具备了[1]。"文化是需要借助一定的空间来生存和发展的,其中地理区域是文化展示的物质载体和空间。一方水土养一方人,封闭的自然环境是叠罗汉活动形成和延续的基本条件,同时赋予了它最初的乡土特质。中华人民共和国成立之前,叶村的地理环境十分封闭,人们过着自给自足的生活,叠罗汉活动赖以生存的环境一直没有太大的变化,这是叠罗汉活动的内容、形式、开展方式和心理动机一直延续着传统的根本原因。中华人民共和国成立以后,叶村的交通得到改善,与外部的交流与联系得到加强,开放的社会环境改变着叶村的人际关系,封闭式的传统生活方式也逐渐被开放式的新型生活方式取代。特别是进入21世纪以后,叶村与外界的联系更为便捷,并且出现了城乡一体化态势。现代文化的传入,逐渐改变叶村人的价值观念与风俗习惯。正是因为地理环境的变化,导致了叶村人的生活方式发生根本性转变。

因此,叠罗汉活动要顺应生存环境的变化,进行自身的调适、整合和转型。在传统的叶村社会,叠罗汉活动的内容与功能都比较单一,中华人民共和国成立后,活动的内容与形式开始多元化,活动的意义和目的也发生了改变。今天的叠罗汉活动以其特有的艺术性和商业性走出叶村这一封闭的区域,已经在全国多个地方参与演出,参与活动的人数正在呈上升趋势。同

①克莱德·M.伍兹著,何瑞福译:《文化变迁》,河北人民出版社1989年版,第22页。

时,叠罗汉活动的内容和形式从经验型向科学与经验并重方向转变。这一切说明,民俗体育与其他文化之间的互动得到加强,从而引起活动地点、参与人群、活动内容与形式等发生改变。

二、民俗体育的组织变迁:从宗族管理到政府主管的更新

社会结构的变化不仅对文化事象的外部形态产生影响,对其组织方式也产生影响。在叶村叠罗汉活动的漫长变迁中,其组织管理经历了从传统的宗族管理、行政化管理到社会服务式的组织模式的转变过程。在传统的叶村社会里,一切文化都带有鲜明的封建等级特点和血缘宗法色彩,在此社会规范下,叠罗汉活动的开展也要遵循这一既定的法则和惯制,无论人员的参与、资金的筹集等都由宗族组织来统一管理,叠罗汉活动就这样年复一年地按照规定范式不断传承。

中华人民共和国成立以后,由于社会政治、经济与文化结构发生了根本性变化,叶村的宗族管理模式土崩瓦解,叠罗汉活动由单纯的祭祀娱神活动发展成祭祀与娱人相结合的娱乐活动,其组织方式保留了宗族管理的"习惯法",但由乡政府来统一管理。在社会转型中,叠罗汉实现了与传统社会生活的分离,在一定程度上与现实社会的政治、经济密切联系。尤其在21世纪之后,为满足人们的物质需求,叠罗汉活动逐渐商业化,其活动的组织形式,由政府主导更新为政府主管,具体由村委会协调组织,资金的筹集更加多元化。

显然,现代叠罗汉活动的组织方式体现了市场管理的典型特征,也表明了村落民俗体育从日常的社会生活中独立出来。

三、民俗体育的内涵变迁:从娱神到娱人的提升

民俗体育历史传承的根本动力在于其对传承主体所具备的意义。换言之,民俗体育的文化内涵是其不断传承的魅力源泉所在。就叠罗汉而言,其内涵在社会发展中经历了变迁的过程。叠罗汉的产生与传统社会生产力水平和人们的认识局限密切相关,在本质上迎合了民众内心对美好生活的向往,因为它可以给叶村人带来精神上的慰藉和生活上的喜悦。叠罗汉活动吸引着大众自觉参与,成为社会生活中不可缺少的一部分。社会转型之后,

无神论思想逐渐深入人心,叠罗汉的内涵不断丰富和提升。可以说,在传统与转型期社会,叠罗汉立足社会生活,又以超越社会生活的运动造型给人直接的感受和体验,从而准确地传达出民众热爱生活、珍惜生命、向往正义的愿望。

在叶村步入了市场经济阶段,当人们将叠罗汉看作商品时,改变的不仅仅是叠罗汉活动的形式和意义,传承主体的心态也随之改变。在此过程中,叠罗汉活动被商业化,是人们追求经济效益的工具,在新的生活场景里,已经不再是体验的对象,而是被欣赏的文化活动,人们获得的只是感官的喜悦。

叠罗汉活动的意义是随着社会的演进而发生改变的,它不能游离于人们的社会生活及其需求而独立存在。民俗体育文化内涵的变迁始终是围绕着人们的生活福祉而展开的,这也深刻体现了民俗体育文化的人间性和人文性。

第三节　徽州民俗体育变迁的外部社会影响

一、经济生活方式对民俗体育变迁的影响

自然环境的变化为民俗体育的变迁创造了条件,但起实质性作用的是社会的生产方式。生产方式是满足人们需要的社会方式,它对村落社会民俗体育的发展变化起着重要作用。生产方式的变革、科学技术的发展,给人们带来许多便利的同时,也改变了人们的生活方式。叶村同我国其他农村社会一样经历着从农业社会到工业社会的发展历程,现代工业和第三产业在叶村逐渐兴起,特别是进入21世纪以来,叶村的旅游业得到开发,叶村人的生产方式由农业向农业、工业与旅游业结合的方式转变,经济结构也由一元向多元转变。在这一过程中,叶村民俗体育的内容、形式、参与人群也在经历着变迁。叠罗汉经历了祈祷神灵祖先护佑到健身娱乐再到追求经济利益的转变,它归根结底是社会生产方式发展的结果。传统的叠罗汉总是依附于一定的传统文化活动中,21世纪以来,叶村人的文化生活逐渐被电视等信息化生活方式取代,使村落体育所依附的传统活动逐渐消失,叠罗汉活动

从而借助商业表演这一形式达到满足经济需求的目的。然而,在商业表演中,叠罗汉活动的内容与形式已经发生改变,原有的活动仪式已经消失,动作经过了现代改造,变成了舞台式的套路。在现在的叶村人看来,它已经不完全是叠罗汉了。同时,打工潮的出现使叠罗汉的传承主体出现断层,这也为其可持续发展带来了隐患。

在现代化和城镇化建设的浪潮中,农村生产、生活方式的变化是历史的必然。民俗体育的内容与形式的改变要顺应这一必然,但内容与形式的改变必须建立在它的原真性基础上,同时要注重传承主体的培养。

二、社会组织对民俗体育变迁的影响

民俗体育活动的开展离不开社会组织的规范和保障。旧时,叶村是宗族制社会,这为叠罗汉活动提供了组织和经济保障,祠堂、族田等族产为叠罗汉活动提供场地和资金支持,并有严格的组织规定。这一社会组织提供的保障和资金支持是传统时期民俗体育得以传承的根本原因。中华人民共和国成立以后,乡村治理格局的形成对农村社会组织体系产生了重大影响。政府宏观指导农村的文化发展,并投入活动经费给以支持,具体的组织活动仍然由村民自己负责,不带有政治色彩。虽然投入的资金有限,但由于是村民自己组织,村民在活动中仍能找到归属感,这也极大提高了村民的参与热情,活动的内容更加丰富,形式也多样化。21世纪以来,政府文化管理部门介入,叠罗汉活动与地方的旅游经济和商业活动结合,形成了文体搭台、经贸唱戏的局面。市场经济给民俗体育注入新的活力的同时,也使其活动的内容和形式发生改变,以适应市场需求。

叠罗汉活动的变迁证明,政府的合理介入、资金支持,以及民间组织的力量对民俗体育的管理,有利于民俗体育的长效发展。民俗体育活动的组织需要发挥民间的力量,需要政府投入资金支持和合理介入。只有这样,民俗体育的可持续发展才会有活力,否则就会有消失的危险。因此,有必要建立一个有效的促进民俗体育发展的组织,这是民俗体育发展的重要保障。

三、社会心理对民俗体育变迁的影响

旧时,凡是接到"罗汉帖"的村中青壮年,都有一种荣耀感,认为这是神灵冥冥之中的安排。叠罗汉活动的意义在于祈祷五谷丰登、人兽平安,祈求神灵保佑。随着社会经济的发展,叶村信神信鬼的旧思想、旧观念和旧风俗得到根本改造,人们的信仰基础和价值观念不断地发生变化,叠罗汉活动虽然保留了原来的内容和形式,但在此基础上还是有很大的创新,其目的是既娱神又娱人。21世纪以来,市场经济的发展强烈冲击着人们的价值观,叠罗汉从追求神灵护佑转变为追求经济效益,这一转变,为叠罗汉活动的内容、形式、参与人群等带来一系列变化。

主体价值观念的变化,必然引起新的体育需求,这使原有民俗体育的结构与活动方式随着新的体育需求的出现发生适应性改变。文化功能理论认为,文化是包括人体的或心灵的习惯,它们都是直接地或间接地满足人的需要。从叠罗汉的变迁来看,叠罗汉承载的原生态文化意义与主体的价值观念发生冲突时,就不能满足主体的体育新需求;当新的文化意义与其价值观念相吻合时,叠罗汉活动的结构与形式就会发生变化,以满足人的需求,当文化的意义与价值观念充满矛盾时,就会出现价值认同的迷茫,叠罗汉活动就会逐渐消亡。虽然现在的叠罗汉活动已经和市场接轨,得到了商业转型,但它追求的是经济效益,其体育效益和社会效益并不明显,传承存在着隐患。因此,传承主体价值观念的变迁对民俗体育的现代发展提出了时代诉求,必须挖掘其价值功能,对其进行时代创新,以满足民众的体育需求,而不仅仅是经济收入。

总而言之,民俗体育文化的变迁实际上是其在社会历时的时间轴上传承和在共时的空间传播与整合交互作用的结果。依据文化生态理论,文化在演进过程中,随着社会经济、政治和文化等的发展不断出现新的文化因子,促使文化呈现继承性发展,即文化进化。这一理论说明,叠罗汉活动的变迁并非简单的"吐故纳新"过程,而是在时间维度上表现出与叶村文化生态因子之间的相互整合,在空间维度上表现出与外来文化的相互采借和相互吸收。

就叠罗汉活动变迁的时间维度而言,它是随着村落社会、经济、文化等的变化呈现出动态的变迁。社会转型和经济的迅猛发展,使我国村落民俗体育赖以生存的乡土性环境发生了根本性转变。传统的经济生产方式被新型的市场经济取代,从而改变着人们的社会生活方式,同时引发了群体价值观念的变革,致使民俗体育活动所展现的生产与生活场景不复存在,民俗体育活动的意义发生了转向,因此也动摇了它传承的思想基础。为适应已经变化了的新的文化生态环境,人们必须以扬弃的精神创造新的叠罗汉的形式和样式来满足社会生活需求。

民俗体育作为一种文化信息体,一旦形成就会在一定的空间内传播,并与他域体育文化相互影响。民俗体育的传播过程也是情感和信息影响的过程,但这种影响总是从势能高的传向势能低的,犹如高山流水一样。现代以来,城镇化建设使网络、电视、现代健身体育等涌进农村,代表着主流文化的现代健身娱乐活动强有力地挤压着民俗体育的生存空间,使它逐渐退出了村落舞台。市场经济的发展为民俗体育提供了新的平台。

第四节　徽州民俗体育变迁的路径与法则

一、需求的变化是民俗体育变迁的主要推动力

作为农耕时代的产物,叠罗汉活动的内容和形式都体现了农耕文化的特征和气质。它之所以被叶村群体在社会生活中自觉地传承,是因为它作为精神、信仰、审美等纽带发挥了满足人们生活需求的功能,具备了精神教化、心理依托和健身的功用。随着社会的发展,叠罗汉的内容和形式在不断变化,以适应人们的社会生活需求。

城镇化引发农村文化生态的变革,尤其是市场经济的发展强烈冲击着人们的价值观念、生活方式,旧思想、旧观念和旧风俗得到根本改造。随着社会的发展,村民的精神文化需求呈现出多样性、多层次等特点,村民对体育文化的需求、审美情趣、评判标准等不断变化,物质需求被进一步提到生活日程上来,客观上对叠罗汉原有的表现方式提出新的要求。传统的叠罗汉活动所承载的功能不能满足村民的现有需求时,有必要寻求新的传承路径和新的表现方式来满足他们的精神需求和物质需要。一种文化的核心往往是它所处时代的精神凝结,从这一角度来看,需求的变化是民俗体育变迁的主要推动力量。正如文化功能理论研究者所言,文化是直接地或间接地满足人类的需要,人类在满足其需求的过程中,才处在能更好地应付自身在环境中所面临的各种具体特殊问题的位置上。

二、民俗体育变迁的路径是"失范"和"规范"并进的过程

虽然,农村社会文化生态环境的当代变革,会引起民俗体育新的发展诉求,民俗体育的结构和功能要发生相应改变以适应生态环境的变化。但文化生态理论认为,任何一种文化都是具有一定结构和功能的生态学单位,这一生态学单位在通常条件下具有自我调节机能,但当外来干扰超出自身调节能力时,会引起旧的文化结构的解体,形成新的文化结构,并在动态中朝着结构复杂化、功能多样化的方向发展。在传统社会,叠罗汉活动的内容和形式等文化结构相对稳定,发挥了相对稳定的文化功能以满足人们的文化需求。市场经济的发展引起叶村叠罗汉活动的目的和意义发生根本性转变。叠罗汉活动的旧有结构所发挥的功用显然不能适应当前追求物质利益的需要,必然引起其文化结构发生断裂或变异,而一旦叠罗汉的传统功用无力解决现实需要时,便失去了人们行为的规范作用,这种现象即为"失范",此时活动的内容、形式和传承主体等关键性要素发生改变。在其改变"失范"过程中,反映当地文化特色的优秀基因被保留,一些不符合现代人情感需求和审美观念的文化元素被移除,同时在有选择地吸收现代体育文化的基础上不断充实和组合,通过"规范"现有元素实现自身质的飞跃去主动适应环境。

三、民俗体育的变迁必须遵循社会生态法则

我国民俗体育文化资源丰富。总的来说,我国民俗体育大体上处在以下三种状态:一是像叠罗汉活动一样进行了现代商业转型,在文化市场传承中得到一定改造;二是散见在自生自灭的村落呈自然传承状态;三是在社会变革中已经消亡。根本而言,正是文化生态环境的变化导致它处在以上三种状态,这是文化生态规约的结果,只有发展民俗体育才不会使它消亡。而体育发展的目的是为现实服务的,当代社会转型和城镇化建设意味着农村社会由传统向现代的多重跨越,跨越式的社会变革加速了我国民俗体育赖以生存的生态环境发生质变。适者生存、不适者淘汰,民俗体育必须作出相应的发展抉择来适应这一变化了的环境,寻求与当代、未来文化生态环境的新的结合点,从而实现新生和升华,否则,它将在这场生态变革中被淘汰。

叠罗汉活动的变迁适应了文化市场对文化产业的呼唤,在地方社会的跨越式发展中找到了生存位置,但与急剧变革的多元化社会需求之间还很不协调,发展的路径极为狭窄。发展是文化和环境持续调适的过程。由于各地农村经济的发展很不平衡,文化的发展也不一样,民俗体育文化既具有一定的共性,又具有明显的地域性。各地民俗体育文化的发展要适应这一环境,就需要与当地的经济建设、文化建设相融合,根据实际情况采取不同的措施,走多样化发展道路。

我国民俗体育无论走哪条道路,采用什么样的措施,都要遵循生态进化法则。民俗体育文化的变迁发展同生物进化一样是普遍存在的现象,是民俗体育文化的基本特征之一。没有遗传和发育,就不会产生新的文化类型,更谈不上从低级到高级演化。遗传是变迁的基础和前提。因此,我国民俗体育的变迁和发展在接受现代体育文化的改造中不能脱离自身的文化本真这一前提基础,否则民俗体育的发展就成为无源之水,无本之木。

民俗体育的形成与变迁是人们的生活方式、文化需求和价值观念等要素共同规约的结果。在社会转型、文化大潮涌动和文化产业快速发展的今天,民俗体育赖以生存的生态环境发生了巨大改变,它正面临着何去何从的选择。我国民俗体育文化发展的动力是什么,要采取怎样的发展方式和坚持怎样的发展道路等这些问题值得人们深思和探索。

我国民俗体育的核心技艺主要掌握在民间少数人手中,有的民俗体育在急剧变革的环境中已经消失,急需对其进行继承和发扬。研究表明,我国民俗体育的发展应根据各地的实际生态状况走多样化发展道路,并采取不同的措施以满足日益增长的物质文化需求,同时坚持生物的遗传法则,在发展中保留自身文化的遗传基因。

第六章　徽州民俗体育的功能

在上千年的历史发展过程中,徽州民俗体育在徽州社会生活中发挥着重要作用,见证着徽州文化与历史的兴衰,同时在徽州民俗文化的渊源中形成了初具体系的发展脉络,既拥有丰富多元的有形运动形式,又兼备种种无形文化内涵,无论是有形或无形,在历史的转型中都层层积淀着其特有的真、善、美的文化特征,在徽州人的社会生活中扮演着独特的角色。它是徽州文化的有效载体,是徽州社会文化的组成部分,影响着人们的社会心理、价值观念、道德标准和审美追求,肩负着健身娱乐、道德教化、民族凝聚等职责。也正因为如此,胡适先生在晚年回忆家乡徽州时情不自禁地说起儿时的跳棋游戏,这是一份对家乡的浓浓情结。在社会高速发展的今天,徽州民俗体育所反映出来的真、善、美日益成为全球化时代的核心价值。

随着社会的进步,人们对民俗体育运动的社会文化价值的认识逐渐科学和深入,其以宗教价值为主到以审美价值为主的演变,导致民俗体育运动由信仰功能向娱乐功能转变。这说明民俗体育社会文化价值的重构引起了民俗体育运动功能的调整。因此,需要将徽州民俗体育与社会发展的现实需求相结合,发挥其在和谐社会建设和全民健身体系构建中的作用,这样才能提升其文化的感召力和影响力。

第一节　徽州民俗体育的多元功能

文化作为一种绵延持续的社会现象,在满足人类生存需要和社会发展的过程中,发挥着自己所特有的重要功能。功能是事物本身具备的功效和作用,是能否满足人们主观和客观需求的一种能力,它既是人们主观追求的结果,又是一种客观存在。对民俗体育文化功能的探讨,学界已经积累了相当多的成果,其中,郭泮溪在《中国民间游戏与竞技》一书中将民间游戏的功能归为:早期的启蒙功能,培养认同感和民族精神的有效形式,文艺体育教育的滋养源,自娱谐和的功能①,等等。诸多探讨对研究徽州民俗体育的功能有着参考价值。依据徽州民俗体育文化的特质和时代的主观需求,可将其文化功能归结为以下几个方面。

一、彰显民俗特色,传承徽州文化

体育是特殊的文化符号。徽州文化被世人誉为与敦煌文化和藏文化并列的中国三大地方显性文化之一,是民族精神和中国文化个性特征的重要写照,徽州也因此蜚声海内外。徽州文化的博大与辉煌,既有其地方性的特点,又超越徽州本身,具有典型性和普遍性的一面,它集中地、典型地体现了中华传统文化的精华。

作为高度浓缩的徽州文化活态载体的民俗体育蕴含着巨大的能量和优势,在当前条件下,通过其自身的调整与完善,为传统体育文化的传承与发展提供了重要的途径和方式。徽州的民俗体育分散在民间,镶嵌在徽州社会文化的各个领域之中,与徽州政治、经济、文化等内容盘根错节,具有复杂性和分散性特点。同时,受家族口传身授的传承方式的制约,传承的范围十分有限,但在社会发展中仍然起到了积极的作用。今日的地球村,各种文化的交融与对抗在所难免,在此过程中,要牢牢把握文化传统的根脉,因为这些文化传统正是构建我们精神家园的根本要件。传承和创新徽州民俗体育就是保护和传承徽州文化,为此,我们要提高保护和传承意识,认识到保护、传承与发展徽州民俗体育就是固守徽州文明根脉,唯有这样才能在全球化时代找到自己的身份认同,在体育强国建设中不迷失方向。

今天,在实现"中国梦"的伟大目标指引下,在提升文化软实力和实现体育强国的背景下,实现中华民族的伟大复兴必须继承和发扬包括徽州文化在内的一切优秀传统文化成果,发挥其在人们生活中的"言传身教"功能,实现其文化价值。总之,保护、传承与发展徽州民俗体育,目的是使其所承载的丰富的徽州文化特质得到延续和利用,通过妥善保护与发展这一宝贵的文化财富,为我们构建精神家园与提升体育文化软实力做贡献。

---

① 郭泮溪:《中国民间游戏与竞技》,上海三联书店1996年版,第301–315页。

二、增强娱乐体验,增进身心健康

徽州民俗体育的外在形式各异,但有一个共同的特点,它是一项人体直接参与、并承受一定生理负荷的体力活动,群体性和娱乐性较强。如叠罗汉活动中的"牌坊"是由30多人叠成的,活动时表演者所承受的最大重量有400余斤,这还需要一定的平衡能力方能胜任。通过叠罗汉活动,表演者的力量、平衡能力、灵敏与协调性等可以显著提高。这些民俗体育活动具有强身健体的功效,同时又具有文化娱乐的功能,观赏者可以愉悦身心,从中获得精神享受。

近代梁启超曾把游戏、学问、艺术与劳作并称为"趣味主体",认为趣味是人类社会中不可或缺的。在劳动与生活中形成的徽州民俗体育可以让民众在紧张的劳作之余得到健康有趣的精神愉悦,有益于人的身体与心理健康。徽州民俗体育运动不仅能锻炼人的意志力、想象力,还能培养人的观察力和创造力,开启人的智慧。徽州民俗体育之所以能传承至今且有着无穷的魅力,原因在于它在社会生活中发挥着健身和娱乐的作用。可以说,徽州民俗体育与民众的健身娱乐等需求之间有着必然的联系。这为进一步了解徽州历史与社会精神面貌打开一扇窗。正如林语堂所言:"倘不知道人民日常的娱乐方法,便不能认识一个民族,好像对于个人,吾们倘非知道他怎样消遣闲暇的方法,吾们便不算熟悉这个人。"[1]因为人只有在没有拘束的时候、在闲暇时的游戏娱乐中方能显现其本来个性。

此外,作为一项群体性健身项目,徽州民俗体育呈现出轻竞技、重体验的特点。在这些民俗体育活动中,人们追求的是活动本身及审美体验,与现代竞技体育——通过竞技与对抗从中宣泄感情,从而满足心理需求——相比,其竞技性要弱得多。人们在徽州民俗体育活动中,通过游戏或玩乐获得精神享受,增进感情,或是通过参与其中获得一种审美体验。如此种种,无不是徽州人以此来陶冶情操、调节情感以满足其心理体验的需要。

三、匡正道德教育,扶正不良风气

道德教育是人类社会永恒的话题,也是推动社会进步的重要方式。就

---

① 林语堂:《日常的娱乐》,《文学界》(专辑版)2009年第12期。

文化现象而言,徽州民俗体育在维系宗族关系、协调家族利益和维持社会秩序等方面发挥了文化软实力的作用。可见,它在徽州社会生活中扮演着社会规范的角色,是地方社会管理的基础和补充。如元宵节举行的大刀舞是为了达到敬奉祖先、和谐邻里的目的;在徽州的舞龙、舞狮活动中,其传承人一般是村中德高望重的长者,这意味着长者既是大家的道德楷模,也是约束和规范他人的标准;等等。

徽州民俗体育所提倡的和谐观念、礼仪规范,对提升人们的道德水准有着重大的现实意义。在当今社会,除了要依靠法律来治理国家,还要辅以道德规范来约束社会,这是符合依法治国与以德治国双管齐下原则的。徽州民俗体育具有教化功能,我们可以将其作为一种教育手段,在传承与发展民俗体育的同时,也潜移默化地将其所蕴含的道德遗产传播给人们,加强社会的精神文明建设。

十年树木,百年树人,道德教育是一个长期和复杂的过程。徽州民俗体育所具备的道德教育资源和特质对个人与社会道德水准的构建是其他途径无法替代的,而它对个人与社会的重要作用从来不是立竿见影的,而是隐藏在民俗体育活动中,潜移默化地影响人的精神世界。徽州民俗体育是民众年复一年、周而复始地传播的文化成果,是通过人们喜闻乐见的身教方式逐渐深入人心的。事实上,今天的徽州民俗体育肩负着塑造道德风尚、构建和谐社会的重任。如歙县汪满田村近些年在进行嬉鱼灯时将表彰村中先进人物活动融入其中,借这一民俗体育活动展现本村的文明建设成果。这是徽州民俗体育发挥道德教育作用的有力表现。

四、培育民族精神,增强民族认同

当今全球化时代,是不同民族文化之间冲突与融合并存的时代。而发挥民族凝聚力、加强民族文化认同已经成为现代化建设中的重要内容和使命,这是实现民族振兴的责任使然。中国传统文化的"凝聚力表现为文化心理的自我认同感和超地域、超国界的文化群体归属感"[①],这是传统文化在历代的更替中仍历久弥坚的主要原因。一个民族的凝聚力和文化的认同主要是源于其文化精神的统摄力。

---

① 王新婷:《中国传统文化概论》,中国农业大学出版社2011年版,第263页。

　　学界普遍认为,徽州文化是中国传统文化的典型代表。而作为徽州文化形态之一的徽州民俗体育所承载的天人合一、以人为本、厚德载物的文化特质是我国民族精神的有力体现,影响着人的价值观念、思维模式与审美情操。如徽州中秋舞火龙等丰富的民俗体育活动显然是人对自然认识与改造的文化成果,是以人为本价值观的具体体现,更是天人合一观念的升华。

　　徽州许村大刀舞活动既是纪念祖先的活动,又是在两位杰出英雄人物忠、义、仁、孝的道德感召下而兴起的民俗活动。民族文化认同在这一过程中得到体现,保家卫国、忠义为民等民族精神也最终通过大刀舞这一媒介得以传播。这类民俗体育活动往往参与人数众多,场面宏大热闹,为人与人的交流、村与村的沟通营造了难得的机会,也提高了民众的团结意识。不仅如此,徽州的赛灯船等民俗体育活动可谓村落集体性聚会,届时,不同族群之间通过斗志较力获得集体荣誉感与自豪感,从而促进族群的感情,强化族群对于共同文化的认同。在龙舟竞渡中,龙作为重要的符号象征,凝聚了中国人根深蒂固的民族情感和民族认同,成为其传承千年的重要原因之一。徽州民俗体育正是在"群体过程和群体间关系"中促进族群的认同,而自我认同和族群的认同也正是民族精神认同的基础和归依。

五、发展体育产业,促进经济繁荣

　　"体育从本质上属于一种精神文化,它无疑需要物质支撑和物质消耗,但精神文化生产所需要的成本和精神消费本身属于经济的一部分。"[1]现代体育具有道德教育、民族认同和健身娱乐的效果,同时在产业化发展道路上也具有显著成效。将徽州民俗体育作为一种文化资源进行产业开发具有得天独厚的优势。然而,不同文化特质和不同发展阶段中的体育在推动经济与体育社会化发展的形式或模式上有相似的地方,也有着很大的差别。

　　有需要才会有市场,有了市场才能发展经济。徽州民俗体育以其新奇又亲和的外在运动形式给人以感染力,以其丰富的文化内涵吸引人的注意力。它是徽州文化层层积淀的结果,是徽州人认识世界和改造自身的文化成果。这一文化成果的人文性和独特性可以满足人们日益增长的文化与健身娱乐需求。随着徽州文化在世界范围内的影响进一步扩大,对其进行产

---

① 周伟良:《中华民族传统体育概论高级教程》,高等教育出版社2003年版,第59页。

业化开发必然会有巨大的市场。一般来说,民俗体育活动的开展带来的大量关注人群,是民俗体育的经济价值得以发挥的社会市场。在地方政府的帮助和扶持下,以民俗节日为平台,进行民俗体育表演,为当地的经济发展带来生机和活力。

近些年来,徽州民俗体育的文化商业价值逐渐得到广泛重视,徽州民间组织和地方政府在"打好文化牌、作好徽文章"的理念下,将有代表性的民俗体育项目融入各类民俗文化节中。徽州各地的村落还专门组织民俗体育表演队,为婚庆嫁娶、门面开业等进行商业演出,不仅有效传播了徽州文化,也给当地的旅游发展增添了活力。目前,徽州民俗体育正在走民间生活化和融入旅游业的道路,并呈现了一定的规模化。随着人们文化交流、经贸互动的不断加强,民俗体育发展的路径和潜力将更加广阔,也将为徽州地方的经济发展带来更加有利的条件。

第二节　徽州民俗体育与和谐社会构建

特殊的地理位置和强大的儒家理学文化背景促使徽州文化形成了独特的魅力。经过历史的沉淀,徽州民俗体育被赋予了道德内在气质和人格精神等和谐元素。不仅如此,其活动的健身性、娱乐性、艺术性等特质在历史长河的涤荡下,一直向世人展示着它特别的魅力和价值。

在构建和谐社会的背景下,徽州民俗体育能否对和谐社会的构建有所作为、有所贡献?两者之间是否有着内在的关系?本研究从徽州民俗体育与和谐社会构建的关系出发,探析徽州民俗体育在和谐社会构建中的功能与作用。

一、徽州民俗体育与和谐社会构建的关系

中华五千年文明史即是一部绵长的文化社会史,而"和谐"之义贯穿始末。和谐思想是中国传统文化核心价值观的最高准则。孔子的仁爱思想对后世和谐文化的发展贡献巨大,奠定了中国传统文化的和谐主旨。宋明时期,理学追求的"各司其位各守其职""万物各得其理",都是围绕和谐社会观而展开。明末清初的王夫之提出"天地以和顺为命,万物以和顺为性",突出强调和谐、一致、调顺是万物的根本属性。乃至今天,"天人合一"的和谐观依旧是中华民族不息的梦想和不倦的追求。

继十六大"和谐社会"理念的提出之后,我国将"构建社会主义和谐社会"列为国家发展战略目标,并明确规定,"民主法治、公平正义、诚信友爱、充满活力、安定有序、人与自然和谐相处"是和谐社会的主要内容。

党的十八大报告更是将构建和谐社会提到了政治高度,提出了构建社会主义和谐社会、加快生态文明建设,形成中国特色社会主义事业总体布局。报告指出,加强社会建设,是社会和谐稳定的重要保证。必须从维护最广大人民根本利益高度,加快建设公共服务体系,推动文化建设和管理,加快形成政府主导、覆盖城乡、可持续的基本公共服务体系,报告还针对性地分析了需要开展爱国卫生运动,来促进人民身心健康。

和谐社会发展需要体育的参与,那么体育是否具备这样的潜质和能力呢? 什么样的体育形式能借此契机更好地拓展自己并为地方社会的发展与建设推波助澜,促进和谐社会建设呢?

徽州民俗体育向世人展现了它独特的、稳定的现代价值与功能,作为中国传统文化的一员,担负着传承徽州社会优秀文化的职责,尤其是徽州的传统民俗体育文化。徽州民俗体育同徽州文化、徽州民俗一样,重视对人的"社会教化"、追求宗族、族众与自然规律的融洽(天神的保佑)和社会伦理的秩序(宗族及社会的稳定)。构建社会主义和谐社会要按照"民主法治、公平正义、诚信友爱、充满活力、安定有序、人与自然和谐相处"的总要求,促进社会公平正义、建设和谐文化、完善社会管理、增强社会创造活力,走共同富裕道路,推动社会建设与经济建设、政治建设、文化建设协调发展。

与徽州民俗体育价值功能一一对应的关系是:

人与人的和谐——人的"社会教化"与"公平正义、诚信友爱";

人与社会的和谐——社会伦理的秩序与"民主法治、充满活力、安定有序";

人与自然的和谐——娱神以获天神的保佑,期望宗族、族众与自然规律的融洽与"人与自然和谐相处"。

因此,徽州民俗体育与和谐社会建设有着内在的必然联系:

第一,建设和谐文化是构建社会主义和谐社会的重要任务,而文化的凝聚力和认同力是建设和谐文化的核心。建设和谐文化,必须倡导和谐理念,培育和谐精神,进一步形成全社会共同的理想信念和道德规范,打牢全党全国各族人民团结奋斗的思想道德基础。徽州民俗体育作为中国传统文化的精华,具有丰富的人文底蕴和历史文化根源,是中国传统文化的重要的活态载体。徽州民俗体育发源于和谐共生的徽州文化土壤之中,其文化特质体现了和谐精神和理念,蕴涵着中国传统文化的人文精神。

第二,"崇学""崇儒"的徽州民俗文化传统孕育了今天的徽州民俗体育,孔子的仁爱思想、宋明理学等根植于内,且都是围绕一个和谐社会观而展开。时至今日,"天人合一"的和谐观依旧在中国大地熠熠生辉,成为中华民族生生不息的梦想和孜孜不倦的追求,因此,追求社会生活平和的徽州民俗体育一直保有"和谐社会"的因子。

第三,随着社会的变迁和市场经济的发展,徽州民俗体育并没有失去原有的特质,依然保留着它的教育教化功能和社会维系功能。它的魅力在今日还成为旅游者、考古爱好者循迹探宝的目标。这意味着社会的现代化发展并没有削弱徽州民俗体育的价值与活力,它依然与社会前进的步伐保持一致,值得纳入和谐社会建设的体系中。

徽州社会长期以来社会安定、居民克俭勤劳、宗族团结、人与自然和谐。和谐社会建设的宗旨亦是追求一种人与人、人与社会、人与自然和谐的状态。

徽州民俗体育所追求的社会目标是通过活动的开展和社会伦理的教化,促进人们身心健康及社会和谐发展;其所追求的文化目标,是以徽州人文精神滋润现代文化,培养深厚民族情感,这一点是徽州民俗体育最典型的价值目标,是区别于其他体育形态的坐标;其所追求的经济目标是丰富普通人的业余生活,以懂美、赏美、惜美的积极心态去生活,并发展地方第三产业,促进其多样化发展。

二、徽州民俗体育在和谐社区建设中的作用

传统徽州是个典型的宗族制社会,宗族履行族权的集中体现是族规家法。徽州宗族的族规家法大体涵盖了:维护封建等级名分制度;维护国法,调整宗族内部财产矛盾;维护社会秩序,强化教育与伦理教化。不可否认,传统的宗族制度及其文化的确有偏离现代文明之处：第一，宗族势力的恶性膨胀可能会破坏社会发展的正常秩序；第二，族内依赖可能抑制创新进取。随着社会的变迁，宗族制的衰落，新型聚居方式应运而生。现代人，特别是城镇区域内的居民，更多是以社区为生活聚居地，他们来自不同地方、持不同方言、有不同生活习惯、拥有不同姓氏。作为承载居民"安全与发展、归属与认同"的载体，基层社区建设任重道远。

党的十八大报告指出，基层组织是团结带领群众贯彻党的理论和路线方针政策、落实党的任务的战斗堡垒。要落实党建工作责任制，强化农村、城市社区党组织建设。因此，社区组织建设是党的基层组织建设的重要内容，也是和谐社会建设应有之义。基层组织是社会的基础，在社会管理中发挥着不可替代的作用。作为组织群众、宣传群众、教育群众、服务群众的桥梁和纽带，基层组织是服务社会的第一线，是践行全心全意为人民服务宗旨的生力军。

徽州宗族制在维持社会秩序、维护社会稳定方面发挥着重要作用。社会主义和谐社会构建过程中，要求"民主法治、安定有序、人与自然和谐相处"。从某种程度上来说，这两者的目的是一致的。本着建立安定有序、充满活力的社会的原则，我们希望通过发掘徽州民俗体育的内在功能、丰富基层社区的体育活力来推动和谐社会的建设。

在网络化、全球化的今天，信息爆炸席卷人类，信息量增长的速度远比人类理解的速度要快，并以海浪式四面八方涌入人们的生活。这种现象给人类生活带来了各种各样的冲击。巧用体育的手段，合理引导民众建立科学的价值观、世界观，将网络社会与现实社会自然对接是社会基层组织不可推卸的责任。作为普通民众生活的家园——社区，如能成为这个对接口，那将是千古功业——我们的孩童幸福地欢笑，家长没有对袭童事件的担忧；公共场所一派秩序井然的状态，家人没有对暴恐案件的恐惧……所有负面的情绪不再困扰大家。在当前的时代背景下，社区居民体育文化建设应从实际出发，以体育道德教育、科学体育教育为主，提高居民的体育人文素养和体育知识素养。要针对不同群体的不同要求，有的放矢地做好体育文化建设。

（一）开展社会规范教育的重要平台

徽州民俗体育的社会化职能非常明显。在宗族的祭祀、礼仪活动和生产生活中展现的徽州民俗体育,让徽州人特别是少年儿童明白了长幼次序、家庭伦理、宗族团结、社会有序的道理。在当代,徽州民俗体育的内在职能依然葆有实用性,是徽州人学习社会规范、实践社会规范和维系共同价值标准的重要手段。

社会社区化是用社区共有原理或社区人文精神来建设大社会的客观要求,使整个大社会变成一个人际关系和谐、充满亲情、友情和人情的温馨社区。民俗体育不仅使参与者从中领悟到社会生活领域的规则,还为社区社会生活提供行为方式和规范。对青少年来说,通过体育活动可以学习互相尊重的习惯,养成良好的社会态度,发展自主性和对道德问题的判断力,促进个性的形成与发展,等等。可见,一个温情的和谐社区是多么弥足珍贵。那么,基于爱与责任的氛围下进行社会规范教育便是社区发挥民俗体育社会化功能的重要内容——在社区内提供专门体育服务,以民俗体育运动为阵营开展责任教育、社会规范教育。

社区是家庭的所在地,居民在此朝夕相处。这样的环境非常有利于开展民俗体育道德和行为规范教育。因此,在学校体育知识教育的基础上,开展社区民俗体育规范教育、民俗体育友爱教育、民俗体育道德教育,不失为一理想之举。例如,给社区居民尤其是儿童开展体现互助合作的劳动性、集体性民俗体育项目,评判指标不以成功与失败为标准,而以展现的合作与团结性为主。让参与者在活动中体验关注与被关注的喜悦,让感恩与爱人之心进驻心田。在大的方面,实现了社区和谐;在小的方面,被矫正了体形或行为的孩子,能满怀爱心地去生活,这对社会工作本身来说就是一份莫大的贡献。孩子是社会的未来,更是一个家庭的未来,孩子被父母潜移默化地影响着,孩子又何尝不让父母星星点点地变化着,这或者也可以称为"体育反哺"吧。

（二）维护基层社区稳定的桥梁

严格来说,徽州民俗体育并不是执行了某项司法功能,而是它的概念"徽州民俗"和"体育",决定了它既具有徽州民俗的宗法性职能,又具备体育的释负减压功能。徽州民俗体育在徽州儒学、宗族文化的浸润下诞生,它一是为了满足宗族祭祀或庆典仪式之形式需要,二是在娱神的前提下派生了娱人的作用。在儒学"仁爱之道"和理学"天理纲常"的文化背景中,徽州民俗体育表达的是自然和谐、敬宗爱祖、宗族统一壮大的思想,而不是为了械斗或争己之欲。它的宗法性特质决定了徽州民俗体育具有维系社会稳定的功能,一定程度上承担了维护社会治安的司法职能。同时它又具有"体育"的下位概念,体育在当今社会的强大释负减压功能也内置于徽州民俗体育中。

大众体育能调节因生活节奏加快而造成的种种身心不适,是人们顺应生活节奏变化的重要手段;适当的户外运动能让人得到放松,适度的运动疲劳能起到心理宣泄的作用。徽州民俗体育还具备了其他体育所不具备的功能——它是维护徽州社会秩序和宗族社会稳定的重要纽带。当前我国的社会体育还没有形成科学的导向和调控体系,社会主义全民健身体系也尚未完全形成,徽州社会体系下的民俗体育的文化内涵和特质在一定程度上是一种有意义的借鉴和参照。

(三)重建人际关系的重要手段

徽州民俗体育对本宗族成员的保护意识尤为强烈,例如曾经的徽州佃仆制下,大族林立,不是佃仆是无法进入另一个宗族的。在中国其他地方,佃仆制在明末清初开始衰落,而在徽州直到晚清甚至民国时期仍然存在。

社区重建的实质是对人际关系的重建,是对社区概念包括社区原理、社区功能和社区精神的再认识、再定位,使人们充分认识到社区及其传统人际关系在现代生活中的地位和作用。职能越完善的社区,通常安全系数较高,居民越有归属感,认同率也越高。社区在保护群体内成员的一切权利和安全的前提下,创造条件、搭建平台,让社区居民有机会走到一起聊天、游戏、竞赛和共同完成一项任务。同时社区要有计划、有组织、长期地吸引一批志愿者,以民俗体育活动为媒介,做好医疗保健、体育生态、体育卫生、安全保卫等便民利民体育工作;吸引更多的居民参与社区体育服务;培养一批热心的社区体育工作者;发挥好业主委员会的作用,调动居民群众在体育设施管理中的主观能动性,以主人翁姿态参与社区体育建设和管理[①]。可以展望,

---

① 上海市思政工作研究会课题组:《新形势下社区思想建设的内容和方法》,《政工研究动态》2000年第4期。

拥有了更多的话题和爱好能确保人际关系的和睦与融洽。

(四)丰富社区体育文化内容的重要载体

徽州宗族经常举办迎神赛会、演戏等活动,这些日子是宗族成员最欢快愉悦的日子,通过这些民俗体育活动人们的感情得到了升华。对文娱活动形式多样、生活节奏快速的现代人来说,邻里的和睦、儿童的友伴是弥足珍贵、最受企盼的。而这一公共服务区域正是社区居委会最能发光发热、最能凸显价值的主阵地。然而,这些往往被匆忙的现代社会忽略了。其实,社区内可以建立多种有效的体育载体,广泛开展小型多样化的自娱自乐民俗体育活动,丰富居民的活动形式。比如,开辟民俗体育教习角、环保器材制造组、单项爱好俱乐部等,或根据季节变化,开展民俗体育郊游节、民俗体育文化节、登山节以及年度的社区运动会等。多途径、多方式地满足居民对文化娱乐活动的需求,在有利于群体身心健康的集体活动中,陶冶居民情操,提高大众认知,这是寓教于乐的极好形式。

在社会动荡和宗族利益发生冲突时,徽州人顺理成章地发挥武学特长——保家安邦,武学行使械斗争风之职。当然械斗为和谐社会所不齿,但徽州民俗体育的促进体格健壮、增强个体适应力和竞争力的作用不容抹杀。今天,我们必须辩证地扬弃徽州民俗体育,保留其有价值的健身祛病功能等,增强国民身体素质。

三、徽州民族体育在构建社会新风尚中的作用

中华人民共和国成立后,旧风陋习逐步消除,社会新风日渐形成,社会道德和风尚发生了根本变化。在继承民族优秀传统的基础上,进一步发扬革命传统,树立社会主义、共产主义新风尚,开展学雷锋树新风、“五讲四美三热爱”和精神文明建设等活动。社会风尚既能反映出人的价值取向与时代精神,又能显示出社会的走向。

徽州民俗体育彰显了尊祖敬祖遗风和崇尚孝道的伦理情感,展现了徽州人奋发有为的精神。朱熹对“礼”所持的态度是:原则性和灵活性相结合,不一味重视“礼”的具体形式,而是把握“礼”所体现的原则;主张在现时通行的礼俗基础上,形成一种新的规范化的礼节。因此,徽州人的伦理意识不断深化,日常生活也逐步礼仪化。

徽州民俗体育还充分展现了稳定性和对生活的积极向上性。朱万曙认为，徽州的地理空间决定了徽州文化的累积相对封闭，在经过长期积累后，整个徽州文化具有"超稳定性"。在稳定的社会文化背景下必然形成稳定的社会民俗。从徽州各地的舞、戏道具装饰看，各式各样的图案和造型叠印着徽州人祈求丰收、平安祥和的愿望。那些在盛典里展示的体育文化因素，共同展示了这个地域讲究平等互信、崇尚气节、追求进取、文雅和睦的社会风尚。

徽州民俗体育所蕴含的体育精神可以规范人们的体育行为，在潜移默化中形成统一的体育意志和信念，形成奋发向上、团结友爱、平等互助的良好体育风尚。

第一，新安理学的社会教化作用无比深入地扎根到徽州民俗体育活动中。在新安理学的教化下，徽州社会形成了超稳定的体育物质、文化风俗。

众多徽州民俗体育的表演人员是男丁，活动的程序尊卑有序，领队由村中德高的长者担任，这体现徽州民俗体育中重视族群的统一和有序。徽州民俗体育的道具均来自农林产业中的常见作物，一般在道具上还装饰"风调雨顺五谷丰登、人杰地灵物华民康"等字样，这饱含了人们祈求农事生产风调雨顺、五谷丰登的自然和谐之愿。

在徽州众多建筑的立柱上，雕刻有反映人生态度和生活观念的楹联，其价值取向可用"能吃苦方为志士，肯吃亏不是痴人"来概括。在上进好学、吃苦耐劳的民风下，加上科举制的兴盛，徽州武学门类繁多，并出现多位武学人才。据史料记载，徽州休宁县就曾出过两位武状元。

在封建官僚制度下，"官本位""君君臣臣"的思想免不了存在局限，然而"各司其位各守其职""万物各得其理"又何其不是博大精深的思辨哲学体系的内容呢。宋明理学孜孜追求的"各司其位各守其职"在各种迎神赛会上表现得淋漓尽致，每一个岗位，无论作用大小、地位高低，徽州人隐忍、内敛的个性尽显。

第二，徽州社会珍爱环境，节约土地的传统由来已久。在徽州民俗体育活动中无不体现绿色体育、环保体育的理念。

徽州人对环境相当珍爱，当他们的生存环境受到侵扰时，他们会对外来人员抱有排斥心理。特别值得一提的是，清代乾隆、嘉庆年间的徽州"棚民现象",棚民们在山中开垦荒地,种植高产稳定作物苞芦;开挖矿产,烧制石灰等。由于棚民乱砍滥伐,造成严重的水土流失,引起了徽州当地居民的强烈不满,最终导致政府颁文对棚民加以严禁和驱赶。这一事例说明,徽州人非常重视维护生态的平衡和自然的和谐。

所有的事物皆应按其规定性存在。不同事物相对稳定的规定性是形成和谐的前提。尊重自然法则,维护生态平衡一直是徽州社会的生存习惯。由于农耕土地资源少,且驿刚不化,徽州人特别重视林业,保护山林经济。这样的农林文化孕育了徽州民俗体育的农耕性,应运而生的民俗体育形式有稻草龙、板凳花、板凳龙、嬉鱼灯、舞抽担、采茶扑蝶舞等。它们的共同特点是取材于当地的林木,表演的场地多为村舍田头,表演的人员就是普通村民,观众为当地居民;优势在于高参与率、环保低碳、内容务实、形式纯朴、目的单纯。

当前,我国大众体育存在某些负面现象,要改变这些现状,首先,必须转变观念,重建体育社会风尚。中国特色的全民健身体系是系统工程,涉及方方面面:思想教育、国家大略、机构策划、社会组织、民众践行。扎根到徽州人骨子里的那份恬淡、内敛、节俭和温和的人生态度值得今人去挖掘和学习。现代人若能够进取而不躁动、收获而不骄奢,对待社会有取有予、对待自然有法有度,不急功近利,不追求眼前利益,一切以体育的和谐、可持续发展为宗旨,必定会形成良好的体育氛围。

其次,借助媒体的力量做好宣传工作。媒介可以影响人们道德观念的形成和发展,有助于人们道德行为的习得。加拿大传播学教育专家、媒介智慧组织教育主任马修·约翰逊根据科尔伯格的个人道德发展由低到高的六阶段理论,证明媒介的正面宣传及媒介对社会问题的报道,可使社会风气得到改善。因此,在体育道德风尚治理的系统工程中,加强宣传教育,发挥媒介的作用至关重要。再次,完善体育制度,规约体育行为,体现新时期良好的体育道德风尚。最后,社会风尚的好转,离不开体育管理部门对大众体育、民俗体育的管理,而以道德治理为后盾的体育文化治理,不失为一项有效途径。

第三节　徽州民俗体育与全民健身运动

一、徽州民俗体育与全民健身运动的关系

《全民健身计划纲要》是在我国经济建设和社会发展对人民的整体素质提出了新的更高要求的大背景下而制定的,旨在更广泛地开展群众性体育活动,增强人民体质,推动我国社会主义现代化建设事业的发展。

全民健身计划是一项国家领导、社会支持、全民参与的体育健身计划,是与实现社会主义现代化目标配套的社会系统工程和面向21世纪的体育发展战略规划。它的出发点和归宿是满足广大人民群众日益增长的体育文化需要,增强人民体质,提高全民族整体素质,促进人的全面发展。计划实施的对象是全国人民,重点是青少年和儿童。

《全民健身计划纲要》的特点主要体现在:

目标定位明确——全国人民,体现了广泛参与性和高覆盖率;

突出重点——青少年和儿童,强调了国家与社会可持续发展的根本;

系统全面——关注各类人群,表现出特殊的民族亲情和强大的全局观;

具体务实——强调法制建设。

《全民健身计划纲要》要求突出群众体育运动会和竞赛活动的群众性、健身性、民族性、趣味性和科学性,开发适应我国群众体育消费水平的体育健身、康复和娱乐市场,大力挖掘和整理民间民俗传统体育和宝贵的文化遗产,发展民族体育。将理性健身与民众娱乐、休闲、竞技有机融合,是将国家发展与个人发展、民族团结、社会和谐有机融合,是人、社会和自然三位一体的进步。

对个人——群众性体育活动蓬勃开展,人民体质与健康状况得到很大改善,群众性体育活动的内容和形式丰富多彩,人的整体素质得到提高。

对社会——实现体育与国民经济和社会事业的协调发展,提高中华民族的体质与健康水平,建成具有中国特色的全民健身体系。

对自然——我国传统体育的宝贵遗产得到发扬,民族、民俗传统体育得到传承,体现绿色体育。

徽州民俗体育在这几点上完全符合全民健身的宗旨。首先,它来源于农耕文化,所展现的体育内容多与农业生产有关,与农民的切身利益有关。即重视人的发展。其次,徽州民俗体育多以集体性项目为主。这一形式团结了乡里乡邻,和睦了社会关系,即重视社会发展。最后,徽州人对自然的热爱早已植根在一辈辈人的骨子里,那种对天人合一的向往、对自然的崇拜无不体现在一个个活灵活现的体育形式里,如跳钟馗、傩舞等。徽州民俗体育的特点主要表现在设备就地取材、场所灵活多变、不限制成员的体育水平高低、参与率高。如前所总结,它环保低碳、内容务实、形式纯朴、目的单纯。

二、徽州民俗体育为全民健身提供内容与手段

徽州民俗体育形成于民间大众,是徽州大众社会生活的重要内容。在徽州民俗的山越发展阶段,山越人尚武好斗、崇尚气力。这一重武崇武的民俗一直沿袭下来,成为徽州社会民俗的一个重要组成部分。徽州在唐宋以前,武劲之风甚盛,其中最著名的有程灵洗、汪华等人。而自唐之后,徽州文风也渐趋昌盛,因而又有"右文之习,振于唐宋"之述。这两种相异的民俗在徽州不但没有冲突,反而很好地融合在一起,共同推动了徽州民俗的形成、发展和传承,造就了具有显著地域特征的独特徽州文化。

旧时,为了捍卫乡土,巩固和扩大宗族势力范围,徽州不少的强宗大族专门招养佃仆,习练拳脚,并设立拳斗庄。另外,徽州人除以文取胜于科举仕途之外,以武登第也是当时当地的一大风尚。明清时期,徽州商业经济非常繁荣,作为社会发展的基础,徽州商业为徽州教育和科举的发展推波助澜,大大促进了徽州社会整体教育水平。在社会教育大受重视的背景下,武学教育也在一定程度上得到了良好的发展。在徽州民间教育机构中进行武学教育,并培养了不少武学人才,现今在徽州村落仍流行舞铁刀、六合刀、梅花枪等拳种。徽州民俗体育的传承与发展主要依存于节日民俗,大量表现在一些神会、庙会中,如跳钟馗、傩舞、舞草龙、板凳龙、布龙舞、划龙舟、跳菩萨、叠罗汉、嬉鱼灯等。地方民众还喜爱在闲暇时玩石锁、举石担、拔河、顶杠子、扳手劲、踩高跷、摔跤、斗蟋蟀、打秋千、耍钹等。

源于徽州民间大众生活的民俗体育集趣味性、娱乐性、健身性、集体性等于一体,成为徽州全民健身的重要内容。徽州民俗体育具有教育教化功

能。身处程朱理学之邦，徽州人毕生都遵循这一理学教化，所创造的文明无不透露着程朱理学的韵味。徽州民俗体育也毫不例外，在敬天祈神、为求保护农耕生产的同时，极力宣扬宗族稳定，维护宗族势力，求存天理，摒弃私欲。因为宗族的参与，徽州民俗体育具有明显的族群情感脉络，徽州民俗体育成为农村文化生活的主要内容并获得了更多的参与者。可见，在相对保守稳定的徽州社会，徽州民俗体育成为健身娱乐和调节人际关系的重要内容和手段，对推动徽州全民健身发挥着重要作用。

三、徽州民俗体育在全民健身体系构建中的作用

刘旻航等人在《我国民俗体育的现代功能及社会文化价值研究》一书中，总结出民俗体育的现代功能主要有促进身心健康功能、教育功能、娱乐功能、维系功能和经济功能。徽州民俗体育作为中国传统文化的一员，这些功能自是应有之义。徽州民俗体育产生于独特的人文环境，代代相传，将祭祀文化、节庆文化、生产文化和娱乐游戏融为一体，以文化精神指导体育运动，以体育运动展现文化精神。挖掘民俗体育文化精髓，结合群众休闲文化需求，不断丰富内容和形式，不断推动其可持续发展，具有十分重要的现实意义。以下将从三个方面阐述徽州民俗体育在全民健身体系构建中的作用。

第一，徽州民俗体育具有强身健体和教育教化功能。徽州民俗体育产生和发展于生产劳动中，在劳动之余深为民众所喜爱。一大批徽州人喜闻乐见的项目是中华民族在漫长的历史中创造和积淀下来的文化瑰宝，蕴含着中华儿女强身健体、休闲娱乐、修身养性、美好生活的记忆因子。徽州民俗体育，通过竞技、表演等形式渗透在我国民俗文化的各个方面，最终实现人们的身心健康。

民俗的教化功能指民俗在人类个体的社会化过程中所起的教育和模范作用。民俗体育作为一种具有深刻历史内涵和丰富活动内容的文化类型，在儿童启蒙、劳动教育、道德修养和审美情趣的培养等方面发挥着不可替代的作用。人们在参与民俗体育活动的过程中，无论是参与者，还是欣赏者，都怀着强烈的族群认同感积极地投入各项民俗体育活动中，这无疑是在潜移默化地接受着教育和感化。徽州民俗体育浸润了厚重的伦理教化、修身

养性等儒家文化的特质。至现代,在徽州人表演自己的民俗体育的时候,除了在传承村落民俗体育,也在继续接受礼仪、道德的教育作用。

由于经济发展迟缓,在生产力水平低下、环境闭塞的情况下,人们为了满足精神文化的需要,通过参与民俗体育来自娱自乐、沟通感情。徽州民俗体育源于娱神的愿望,而达到了娱人的效果。在宗族的组织和安排下,族众尽情表达自己的祈望,全身心地投入表演,无论表演者或是观赏者,皆实现了心神统一、身心一致的状态。作为感情联络剂的徽州民俗体育,丰富了徽州社会文化生活内容,调节了宗族内部的人际关系,促进了徽州人身心的健康发展。在保守而稳定的徽州社会,徽州民俗体育是调节内外部关系、上下等级关系不可或缺的重要手段。

《全民健身计划纲要》的提出使群众性体育活动蓬勃开展,人民体质与健康状况得到很大改善,群众性体育活动的内容和形式丰富多彩,人民的整体素质得到提高。综上所述,可以说徽州民俗体育和全民健身运动在对人的发展上,具有内在统一性。两者的践行宗旨具有统一性,都为了丰富群众性活动;两者的践行结果具有统一性,都实现了人民体质与健康的改善,丰富了群众性活动;两者的典型特点具有一致性,以教育的手段提高人的整体素质。两者的关系可以概括为:全民健身运动是对徽州民俗体育内容的继承、发展和创新,徽州民俗体育是全民健身运动的补充和手段。

另外,徽州民俗体育以集体性活动为主,能够调动民众的广泛参与,这对推动全民健身运动是极为有利的借鉴手段。

第二,徽州民俗体育对社会发展的作用主要体现在维系功能和经济功能上。民俗不仅仅统一着社会成员的行为方式,更重要的是维系着群体或民族的文化心理。它产生之初旨在维系宗族团结、和睦,树立宗族榜样,并且具有激励族人奋发向上、知书识礼的功能。所以,徽州民俗体育的重要特征主要表现为集体性,以宗族为组织单位,并通过祭祀活动,加强族人的同源意识,增加亲近感和团结力。这些来源于节日庆典中的徽州民俗体育强化了族长的权利,便于统治与管理宗族势力。徽州民俗体育的这些特质既稳定了徽州社会结构和社会关系,又"维护了传统文化的基本模式,具有不可替代的整体协调作用"①。至现代,社会经济增长,竞争意识增强,徽州民俗体育还能提高团队合作意识。

如今,徽州民俗体育在民俗节日中大放异彩,蜚声海内外,吸引了各地的游客,既展示了地域文化,又促进了当地的经济发展。徽州众多村落都打造集古迹、风光与民俗习惯为一体的综合寻迹之旅。徽州民俗体育的展示成了旅游者探宝的历程之一。

《全民健身计划纲要》提出实现体育与国民经济和社会事业的协调发展,建成具有中国特色的全民健身体系。这与徽州民俗体育的社会功能在方向上具有一致性,两者对社会的发展皆体现了积极的一面。

第三,徽州民俗体育开展的目的是希望宗族团结、壮大,族内成员得到神灵和祖先的保佑。在过去,生产力落后、科学不发达,很多自然现象都得不到合理的解释,人们只能认为是神的力量在控制和左右着人类。为了获得神灵的庇佑和祖先的保护,也为了良心的安稳,人们创造了很多活动方式敬天、敬祖,以为足够的奉献和真诚就能得到风调雨顺、国泰民安的日子,总之,就是期望人能与大自然(代表一切神灵和祖先)和谐共处,实现"天人合一"的梦想。经今人的整理归类现今仍流行于徽州村落的徽州民俗具体体育形态,从中发现:其一,它们具有浓郁的人文特质。徽州民俗体育植根于徽州文化土壤,徽州人文色彩深厚,新安理学的伦理观成为它的重要价值导向。例如,在一些神会、庙会中开展的群体性体育活动,以期盼宗族地位的稳固、宗族成员的幸福、平安和睦为首要目的。这是群体成员之间追求和谐的表现。其二,追求一种融入自然的和谐而非征服自然的对抗,把修身养性和追求精神境界的完美放在首要地位,而把竞争与胜负放在次要地位。这是人与自然和谐的表现。这一点从徽州现存武种可以看得很明确。如舞铁刀、六合刀、梅花枪等徽州拳种崇尚精湛技艺和高尚武德。其三,徽州民俗体育体现了健身导引特质:提倡心、性、神、德兼备,具有明显的儒家文化内涵。例如,在平缓的生活节奏、淡然的心境下追求长寿,不争、不强、不过地实践着日常的生活习俗。这是个体追求内心和谐的表现。

即使在喧嚣的时代,今天的徽州古村落里,依然天空明朗、民情纯朴,在

---

①卢玉,金涛,陈双:《徽州民俗体育文化概述》,《安徽师范大学学报》(自然科学版)2012年第5期。

那里有幸保存下来的徽州民俗体育依旧纯粹、自然而坚毅地维持着活力。另外,徽州民俗体育同大部分民俗体育一样,所选的器材以自己制作为主,而非来自有可能产生污染的工业生产;表演的场地就是田间地头、宗祠厅堂或者晾晒谷场,不需要人工草皮和塑胶地垫这难以分解循环的产品。徽州民俗体育与现代体育最明显的区别在于:前者带着美好的愿望,后者追求获胜的喜悦。少点戾气多点爱心是建立和谐社会、发展全民健身运动的必备因素。

《全民健身计划纲要》对传统体育,包括民俗体育所作出的要求非常明确:我国传统体育的宝贵遗产要得到发扬,民族、民间传统体育要得到传承,要体现绿色体育,追求人与自然的和谐。而和谐的社会要求资源利用效率显著提高,生态环境明显好转,实现全面建设惠及十几亿人口的更高水平的小康社会的目标。徽州民俗体育和全民健身运动两者关于发展的途径是一致的,都要继承、发展和创新民俗体育的内容,为社会、为人民服务。

徽州民俗体育与全民健身相结合,是徽州民俗体育巩固生存土壤、传播民俗体育文化的基本途径,同时也是全民健身持续发展的重要条件。徽州民俗体育具有娱乐和健身的功能,因此,充分挖掘民俗体育、合理发挥民俗体育的价值可以丰富现代人的精神生活并提高健康水平,可以促进人的全面发展,提高现代人的整体素质。而这也正是《全民健身计划纲要》所倡导的。同时,民俗体育还具备社交功能和教育功能,是防止和矫正不良行为的重要手段,所以,徽州民俗体育,正在成为全民健身必不可少的内容之一,可为全民健身的发展提供不竭资源。

第七章　徽州民俗体育的传承与开发路径

　　文化是民族的灵魂。保护与传承经典的正统文化或民间民俗文化遗产对一个民族有着特殊的意义。因为要建设中国特色社会主义文化与文明，要提升我们的文化软实力，就不能不对我们的传统优秀文化作保护和传承，就不能抛开民间历史文化传统。徽州民俗体育是历代积累与积淀而形成的，是先辈生活样式与生活方式的活化石，饱含着丰富的文化记忆和多元优秀文化特质。水有源，木有本，民俗体育文化也有根。在中外体育文化交流日益频繁的今天，继承与创新徽州民俗体育，让更多的人了解徽州优秀的体育文化，增强民族的自尊心和自信心尤为重要。为此，在当前复杂的国际和文化背景中如何保护与传承徽州民俗体育，是研究的重要议题之一。

　　从目前研究现状来看，对民俗民间体育传承问题的探讨主要集中在作为隐蔽文本的"本真性保护"与作为公共文本的"开发性传承"方面。在挖掘和整理民间民俗体育时，要尽可能地"保持其文化的本真性"，并力求通过社会、学校和散在民间的方式来加强传承体系建设；在市场经济环境下，也应树立产业发展观，在力求传承区域文化特色和人文资源的基础上进行"开发性传承"，由此为民俗体育文化的传承注入市场动力和经济活力。

　　徽州民俗体育的传承离不开传承主体的生活需要，也离不开社会和政府等相结合的体育需求实践。在此背景下，徽州民俗体育的传承空间是多元的、立体化的。基于体育文化和体育实践发展中的需要，以及徽州民俗体育传承主体的需要，本研究分别从非物质文化遗产视角、人文素质教育视角以及文化产业视角对徽州民俗体育的传承和有效开发进行探讨。

第一节　非物质文化遗产视角下徽州民俗体育的传承研究
——以嬉鱼灯活动为例

徽州文化是极具特色的地方文化,以其广博、深邃而享誉全球。随着现代化和城镇化的推进,徽州文化遗产赖以生存的文化生态正在发生改变,这一珍贵的文化遗产面临着消亡的威胁。如何发挥徽州文化遗产的区域优势,更好地结合当地的实际条件加以保护和传承已成为学界和政府相关部门的重要使命。本研究从非物质文化遗产的视角,以徽州嬉鱼灯民俗体育活动为个案,以其在当下发展中存在的问题为考量,进一步探讨在非物质文化遗产背景下徽州民俗体育的传承问题。

一、徽州嬉鱼灯活动的历史源流

徽州嬉鱼灯活动以其鲜明的徽州特色和身体活动特征深受人们喜爱,其文化内涵已成为解读徽州文化的特殊文本,是一笔十分宝贵的文化遗产。

嬉鱼灯活动是徽州汪满田村每年元宵节的文化盛宴,始于清光绪初。据村中老艺人介绍:旧时,汪满田村时常闹火灾,追其根源,原来在西山降有一大石塌平滑如镜,此乃"火境",为村中火烧屋之祸根,需以水克火。在清光绪初,遂以五个祠堂兴五个"鱼灯会",每年正月十三至十六夜,合族男丁抬鱼灯游村。鱼是水中神,通过嬉鱼灯活动来娱神,以此克火。鱼灯以竹为架,棉纸糊皮,彩绘鱼鳞,头有"王"字,嘴有双须,并装有流星喷管。大鱼灯长约七米,高约三米,内点蜡烛百余支,每灯由二十多人抬;此外尚有小鱼灯及其他动物形象小灯和花灯无数,由儿童提游。鱼灯出行时,领前是一盏长旗形直扁灯,灯上三面写"五谷丰登""风调雨顺""国泰民安"字样;继之是两口狮子灯,边走边舞;狮子灯后面是大锣大鼓,随后就是花灯、鱼灯、五谷灯,每盏大鱼灯后皆有小锣鼓助威,最后是儿童提各式小灯跟随;一路鞭炮齐鸣,鼓乐喧天。每盏鱼灯经过宗祠均要对祠堂门摇头摆尾三次,行至柏枝园坦场,鱼灯要依次打转、舞蹈,谓之"滩花",喻"鱼打子",兆村族丁旺。鱼灯游村数圈,最后出村口、神庙,返回祠堂灭烛放置,然后锣鼓开台,演戏酬神。到正月十六晚,所有鱼灯都要游到村后的小山墩上,将鱼头对着西山降的"火境",摇头摆尾,此乃鱼灯最后的高潮,在山墩上面对"火境"鞠躬,祈求平平安安、年年有余。每年的鱼灯花费在万元左右,均为村民自愿捐款。娶新妇之家更自愿另出钱为本祠堂鱼灯点烛,并宴请抬鱼灯者,冀新妇早生贵子;生子之家又买烛点灯还愿。嬉鱼灯活动在1964年停止展演,1979年恢复延续至今。近两年,木岭后村汪氏在山上也嬉鱼灯。1988年3月,汪满田嬉鱼灯参加县民间艺术节调演,获大奖。2005年10月,参加黄山市国际旅游节暨歙县民俗体育文化节活动,获最佳表演奖。曾经的辉煌让人欣喜,但目前嬉鱼灯活动的保护与传承现状令人担忧。

二、徽州嬉鱼灯活动的非物质文化遗产特性

(一)活态性

非物质文化遗产是依附于个体的人、群体或者特定区域和空间而存在的,是一种活态的文化存在形式。非物质文化遗产的活态性特征,决定了非物质文化遗产的保护主要是通过已掌握其各种表现形式的个人或群体的传习和继承来实现。因此,非物质文化遗产只要存在,就始终是一种有灵魂的、有生命的活态的文化。从参与主体的角度看,嬉鱼灯活动的文化精髓主要掌握在徽州汪满田村那些杰出艺人手中,它的保护和传承必须依靠传承主体的实际参与。从表现形式的角度看,嬉鱼灯的发展本质上是传统文化现代化的表现,它已经融入现代文化的方方面面,并和众多当代文化产生了互动。从文化内涵的角度看,嬉鱼灯是在长期文化积累和生活创造中凝聚而成的特定宗族文化和民族精神,充分体现了区域文化信仰和价值追求。

(二)世俗性

嬉鱼灯活动原创于民间,经过历代流传和发展不断丰富,是汪满田村群体生活的重要组成部分,直接或间接地反映当地民众的生活方式、价值取向,是当地民众生产、生活和精神世界的集中体现。从文化学视角而言,嬉鱼灯活动是在特定地域的文化背景下产生、形成和发展演变而成的体育传统文化形态,是被特定的区域民众所创造、接受、享用和传承的生活文化。汪满田村人嬉鱼灯活动的目的非常明确,通过嬉鱼灯活动来娱神,以求五谷丰登、风调雨顺、国泰民安,因而表现出一定的功利性与世俗性。徽州地区,由于频繁遭受灾害的摧残,乡民生活困苦,人口损失严重,为了弥补人口缺失带来的创伤,以及受传统多子多福等思想的影响,汪满田村娶新妇之家都

自愿出钱为本祠堂鱼灯点烛,同时宴请抬鱼灯者,希冀新妇早生贵子。这也折射出徽州嬉鱼灯民俗活动的功利性与世俗性。

(三)生活性

对于徽州汪满田村人来说,嬉鱼灯活动是日常生活重要的一部分。一方面,嬉鱼灯承载着民众生活制度和行为规范的内涵。随着时代的发展,嬉鱼灯始终体现着祖先祭祀、节日习俗、游戏娱乐、强身健体等生活需求,它是民众生活方式的载体,传承的是不同时期日常生活或特定时节的行为规范。另一方面,嬉鱼灯活动也彰显着"和"文化的内涵。"和"是中国传统文化的精髓和核心概念,也是和谐社会重要的文化内涵。"和"文化的一大特征,就是讲求平衡和谐,追求天人合一,提倡人际和合。汪满田村的嬉鱼灯活动蕴涵着丰富的"和"文化,其内涵有二。一是追求天人之和。徽州地区向来人多地少,以农业生产为主,经济结构单一,在科学技术尚未发展到有效解决各种灾害的情况下,汪满田村乡民只有寄希望于超自然之力,开展祭祀活动,赋予鱼神禳灾降福的超自然能力,以求实现五谷丰登、人丁兴旺、祥和平安、生活幸福的美好愿望,这无疑反映了汪满田村人追求天人合一的终极理想。二是希冀国家之和。嬉鱼灯活动让村民看到古村落一派和平稳定、歌舞升平的景象,它表达了人们对安宁平稳、幸福和谐生活的向往,也寄托了对国家安定、百姓安康的愿望。

(四)群体性

嬉鱼灯文化遗产规范着这一群体的价值取向、行为方式,维系和巩固着群体团结合作、和睦相处的社会关系,是特定群体、特定民族凝聚力的载体。汪满田村现有村民2000多人,每年开展嬉鱼灯活动,男女老少齐上阵,加之四乡邻里的踊跃参与,其规模之大,参与人数之众,喜庆氛围之浓郁,让人叹为观止。

三、徽州嬉鱼灯的传承危机和保护现状

(一)徽州嬉鱼灯的传承危机

徽州农村同我国其他地方一样,正经历着从传统到现代的社会转型,这一转型浪潮引起社会生产方式、生存环境、价值观念的巨大改变,民俗体育赖以生存的文化土壤发生了改变,民俗体育的非物质文化遗产特性也悄然

发生着改变。尤其是在现代生活方式的冲击下,徽州嬉鱼灯等民俗体育文化正经历着传承危机。

首先,现代人的生产方式和价值观念发生了嬗变,嬉鱼灯的生存土壤发生改变,继而引起嬉鱼灯的代际传递出现危机。作为民俗文化内容的嬉鱼灯活动需要靠村中年轻一代来传承和发展。由于汪满田村过去传统的生产方式被现代的机械化取代,大量的劳动力得到释放而转移,农村青壮年人员外出务工,这加快了农村民俗文化的断裂速度,嬉鱼灯活动出现了"艺人不继"的现象。大量的农村人口流动使土生土长的农民变成城里的"建设者",这种脱离本土的身份转换,造成民俗体育创造主体的缺失,直接影响到民族体育文化的传承和发展。同时,农村的年轻人越来越钟情于现代生活方式,追求时尚,渐渐对民俗传统文化失去了兴趣,民俗体育的传承令人担忧。

其次,当地有关部门将嬉鱼灯活动作为一种民俗资源进行旅游开发,为迎合市场需求,嬉鱼灯原生态的精神内涵在开发中逐渐失真。嬉鱼灯活动之所以在汪满田村传承至今,是村民认为该活动能给大家带来岁岁平安、年年有余,活动的精神内涵是其传承的内在动力。然而,随着当下旅游的深度开发,嬉鱼灯活动开始走向不同的商业舞台,表面看嬉鱼灯活动得到了发展,但是舞台化的嬉鱼灯文化使其原真性开始异化和变形。因此,保护和继承刻不容缓。

最后,徽州文化生态的变迁引起民俗体育文化衰落,其传承日渐式微。汪满田村传统的生活方式和民俗传统是嬉鱼灯存在和发展的基础,现代化的乡村建设,使其赖以生存的文化生态环境和既有的生活方式被打破。城镇化的现代社会生活方式逐渐取代传统的社会生活方式,现代广场舞和竞技性现代体育充斥着汪满田村的文化生活空间。同时,由于一些农村年轻人越来越崇尚西方节日,嬉鱼灯传承所依附的传统节日文化逐渐退出村落的历史舞台,使嬉鱼灯活动的传承面临严峻挑战。

(二)徽州嬉鱼灯的保护现状

2006年,我国非物质文化遗产保护中心正式成立,标志着我国非物质文化遗产保护工程在全国全面启动。各级地方政府在"保护为主、抢救第一、合理利用、传承发展"方针指引下,都不同程度地加强了本地非物质文化遗产的保护措施,对维护文化的多样性和平衡性起到了十分重要的作用。然而,对以嬉鱼灯为代表的地方民俗体育形态的保护还存在以下几个问题。

一是政府保护的力度不够。目前,我国民俗体育基本都分散在民间,还处于自然传承状态。政府是保护民俗体育的责任主体。民俗体育的保护是个系统工程,政府有能力有责任对民俗体育文化的保护进行宣传和引导,对其传承和发展作整体的规划。就嬉鱼灯的保护现状看,徽州地方政府(现今黄山市)还没有出台具体的保护政策和传承方案,也没有投入专门的经费和人员进行保护性开发。

二是科研工作不够深入。就嬉鱼灯而言,地方政府暂没有设立专门的机构对其进行整理研究与开发。每年的正月虽有一些高等院校的科研人员来到徽州,对嬉鱼灯活动进行考察调研,但他们主要关注嬉鱼灯的基础理论,应用性研究较少,且大部分研究人员不能扎实地进行长期的追踪,研究还不够深入。泛泛的基础研究对嬉鱼灯的保护和传承虽有必要,但作为民间大众传承的民俗体育活动,其发展更离不开具体的研究对策和有效措施。否则,随着外来时尚文化的冲击,原生态的民俗体育文化内涵仍会不断流失。

三是传承主体责任感淡漠。嬉鱼灯民俗体育文化核心技艺目前主要掌握在徽州民间少数人手中,主要靠民间民俗民风的推动来加以传承。随着现代科技的发展,农村的社会生活方式、宗教信仰、家族观念发生了日新月异的变化,民俗体育传承的内在动力机制被消除。在田野访谈中,40岁以下的村民对"为什么要参加嬉鱼灯活动的表演"给出了这样的回答:"老人们迷信,要求我们参加,我们是出于尽子孙的义务才参与表演的。"显然,大部分村民对村落民俗体育文化保护的责任感不强,缺少内在传承的精神动力,没有真正意识到民俗体育文化保护的重要性,还没有形成全民参与的强烈意识。

四、徽州嬉鱼灯的传承策略

对博大精深的徽州民俗体育文化的保护和传承是一项复杂的系统工程,需要政府精心设计,按照非物质文化遗产法的要求建立有效的保护机制,同时,千方百计调动民间主体的积极性,从而持续可发展地维护这一机制。在这个过程中,应该遵循整体保护原则,将传承与发展结合起来,树立传承是为了发展,发展是最好的保护与传承的理念,借鉴活态的非物质文化遗产保护模式来加以传承。

(一)提高汪满田村村民对民俗体育的保护和传承意识

民间大众是民俗体育传承的主体。因此,提高汪满田村全体村民对民俗体育的保护和传承认识是其传承的基础。自2006年我国第一批非物质文化遗产名录公布起,非物质文化遗产广受学界和政府部门关注。民间大众对非物质文化遗产保护和传承的意识相对薄弱,认识还不够深入。要对嬉鱼灯等徽州民俗体育进行保护和传承,需要这些传承主体的积极参与。因此,"要提高民众的文化自觉,消除错误的思想观念,使他们能正确认识和对待本民族祖先创造的优秀文化遗产,提高自觉地加入到保护和弘扬非物质文化遗产的行列中,并成为保护工作中的真正主体"[①]。

提高民众的保护和传承意识以及参与的积极性,需要地方政府和汪满田村民众认真做好两件事。一是对嬉鱼灯民俗体育资源进行有效的开发和合理利用,"应在保护工作过程中,对传统文化的创新、运用、传承等要做出及时的必要的安排,不能消极地把保护工程看成是对濒危文化遗产的收容所,否则,非物质文化遗产保护工作就可能失去其积极的文化建设意义,非物质文化遗产的价值也就不可能实现"[②]。徽州民俗体育资源的开发与合理利用,对维护民间文化的多样性、丰富村民文体活动、拓宽民众的收入渠道和提高民众的积极性意义重大。正如联合国教科文组织的《保护非物质文化遗产公约》中所指出的那样:各个群体和团体随着其所处环境、与自然界的相互关系和历史条件的变化,不断使这种代代相传的非物质文化遗产得到创新,同时使他们自己具有一种认同感和历史感,从而促进了文化多样性和人类的创造力。二是定期举办徽州民俗体育文化节等活动,充分利用网络、电视、报纸等媒体加大对徽州文化、民俗体育的宣传力度和广度,让村民充分认识到嬉鱼灯活动的历史价值和现代意义,从而加强民众的自觉保护和传承意识。

---

① 王文章:《非物质文化遗产概论》,教育科学出版社2008年版,第278页。

② 陈永辉,白晋湘:《非物质文化遗产保护视角下我国少数民族民俗体育文化资源开发》,《武汉体育学院学报》2009年第3期。

(二)构建徽州民俗体育的传承机制

构建徽州民俗体育的传承机制是徽州民俗体育传承的根本保障。本着整体性、原生态性和活态性的理念构建科学合理的传承机制,从而确保非物质文化遗产的保护和传承真正落到实处。

地方政府要加强立法,积极推动民俗体育的传承向纵深发展。地方政府具有管理地方文化发展的义务,是非物质文化遗产保护和传承的第一责任人。发挥地方政府管理的主导地位,建立协调有效的政府职能机制,确保民俗体育的传承落到实处。政府主导作用的发挥在很大程度上靠加强立法来约束并引导人们的行为。2011年《中华人民共和国非物质文化遗产法》的颁布为各地方非物质文化遗产的保护和传承提供了依据。徽州地方政府应根据这一法律结合实际出台相关保护具体措施,同时加大执法力度,切实做到依法办事;在建章立制的基础上要设立专门的机构,为民俗体育的传承发展提供人力、物力保障,机构各部门要分工明确,协调配合解决工作中出现的问题,形成齐抓共管的格局;要切实加强民俗体育传承的调查与研究工作,加大资金投入力度。同时,工作中杜绝重申报、重开发、轻保护、轻管理的现象发生,徽州地方政府应将嬉鱼灯活动的保护工作列入工作议程和地方文化发展纲要,积极主动引导民众共同将嬉鱼灯等民俗体育活动的保护和传承工作推向深入。如通过举办徽州民俗体育活动大赛、徽州民俗体育文化节、徽州民俗体育进社区、徽州民俗体育进校园等不同形式的体育文化活动,扩大徽州民俗体育的参与面,形成政府和民间共同保护和传承的良性局面。

非物质文化遗产的保护和传承最终是为人类服务,因此,传承人的培养是非物质文化遗产保护机制的重要因素。目前,徽州嬉鱼灯等民俗体育的传承人主要是本村人,"传内不传外"的传承方式制约了传承人的选择范围,另外,民俗体育活动的保护和传承需要一定的资金支持,而村落民俗体育传承人的收入有限,这也影响了他们传承民俗体育的兴趣和热情,很难调动他们参与到民俗体育活动中来。因此,扶持和资助徽州民俗体育传承人,改善他们的生活条件也是不可忽略的。对民俗体育文化传承人的培养需要做到以下几个方面:①聘请民间老艺人当老师,采取传帮带的方式进行教学,发挥徽州民间局内人的草根智慧,培养一批徽州民俗体育文化的传承者;②对传承人给予物质资助和奖励,改善他们的生活条件;③传承人的培养从小抓起,"当传统的传承方式在市场经济条件下遭遇到价值取向的冲突时,学校教育就成了传承和弘扬民族民间文化艺术最为有效的方式"①,让民俗体育以乡土体育教材的形式进课堂,可以让民俗体育文化遗产活态延续;④对当前徽州民俗体育的形式、内容等实况进行录音、录像等挖掘整理,建立电子文档。

(三)结合黄山等自然景观优势,打造徽州民俗体育旅游品牌

非物质文化遗产保护的基本方针是"保护为主、抢救第一、合理利用、传承发展"。对非物质文化遗产的有效开发是其传承的应有之义。徽州民俗体育形成于徽州民间,蕴含着丰富的历史文化价值,对其进行开发不仅可以获得巨大的经济效益,也是对外宣传徽州文化的重要途径,有利于激发民众传承的积极性,有利于徽州民俗体育传承与发展,是一举多得的好事。

徽州民俗体育旅游品牌的创建需要从两个方面着手:一是利用特殊的人文地理环境,如黄山、西递、宏村、南屏等著名的景点,开展以民俗体育为主题的特色旅游,积极兴办和拓展徽州民间民俗采风、健身养生、宗教探访等专项体育旅游活动;二是对现有的民间民俗体育活动加以开发和包装,注重徽州文化特色,"求土不求洋",使民俗体育的人文资源与自然资源有机结合,依托黄山等自然景观的优势,努力打造以嬉鱼灯为代表的徽州民俗体育系列旅游品牌,以此来促进民俗体育文化遗产与旅游业的发展。

对徽州民俗体育的旅游开发,需要处理好保护与发展的关系。作为旅游商品的民俗体育难免在发展中出现原真性遭到破坏的现象,因此,民俗体育的品牌包装不仅要满足市场需求,还要维护其乡土性特色。

总之,对徽州民俗体育的保护与传承,需要正确处理好保护与传承的关系,既不能把民俗体育当作静态的文化遗产束之高阁,简单地加以"保存",也不能为了市场需求随意地对民俗体育进行改编和包装,保护民俗体育的真实性和原生态性是民俗体育传承的基本原则。针对徽州嬉鱼灯民俗体育活动目前的生存状态,我们应积极对其加以保护、开发和利用,使这一非物质文化遗产在社会发展中发挥应有的作用。

---

① 王文章:《非物质文化遗产概论》(修订本),教育科学出版社2013年版,第320页。

第二节　人文素质教育视角下徽州民俗体育的课程开发

一、人文素质教育的内涵

中科院院士杨叔子语："一个国家，一个民族，没有现代科学，没有先进技术，一打就垮；一个国家，一个民族，没有优秀历史文化传统，没有民族人文精神，不打自垮。"教育界将人文素质教育纳入素质教育体系中，人文素质教育及其课程应运而生，期望通过人文性教育内容与方法的改革提升学生的精神品质，从而改变整个社会的精神面貌。

人文素质并非是人文与精神的简单相加，人文素质教育涉及人的情感交流、社会交往和意愿表达等思想和品格的方方面面，以及人的心理、行为方式与行动能力等。换言之：什么是对，什么是错？什么是善，什么是恶？什么是高尚，什么是卑鄙？如何处理好人与自然、人与社会、人与人之间的关系？这些内容无不涉及人的情感和精神操守，关乎着人类教育的根本目的。人文素质教育的课程建设不仅是时代和社会的必然要求，也是我国教育理念在发展中的升华。人文素质教育是围绕人的精神品格与高尚品质而展开的教育方式，在我国知识经济时代，人们给予人文素质教育更高的期望和要求。从根本上来说，人文精神的培育是人文素质教育的核心内容。人才的培养目标已经并非是传统意义上的专业上的"专才"，而是有担当、有责任、有情怀的"现代人"。将知识与人文精神贯穿于人的成长过程，从而潜移默化地影响一个人的行为方式和心理。因此，人文素质教育无论对培养一个有道德情操的社会人还是有公共情怀的现代人才都有着极为突出的时代意义。近些年来，我国素质教育正在如火如荼地开展，素质教育的课程改革逐渐深入人心。

徽州民俗体育的课程开发是当代人文素质教育背景下的必然选择。通过徽州民俗体育的课程进行人文素质教育是其他方式无法替代的。之所以如此，一方面是因为人文素质教育的效果具有长期性的特点，需要借用一种行为方式来潜移默化地加以影响；另一方面是因为徽州民俗体育有人文性资源的特点，徽州民俗体育的人文性资源需要通过课程的开发予以显现。

二、徽州民俗体育课程开发的优势

课程是学校教育的核心内容。如前所述,人文素质教育的目标是培养有内心修养与公共情怀的全面发展的现代人才。爱因斯坦曾说过,学校的目标始终应该是:青年人在离开学校时,是作为一个和谐的人,而不是作为一个专家。在此目标的引领下,对课程内容的选择就显得尤为重要,因为这将直接关系到目标的实现。在人文素质教育的背景中,徽州民俗体育对发挥人文教育的功效有其天然的优势。换言之,徽州民俗体育本身的特点可以在教育中发挥非智力因素,可以锻炼学生的意志力,促进学生身心全面发展。

近千年来,徽州民俗体育受到自然环境、文化艺术、宗教意识、民间风俗等的影响,其文化类型和内涵极为丰富,且与他域的民俗体育有着很大的不同,具有典型的人文特色。徽州丰富多彩的民俗体育所蕴含的人文精神可以为今天人文素质教育提供取之不尽的资源,这些借助身体运动形式的娱乐性民俗体育以其喜闻乐见的方式带给人们丰富的精神食粮。如新安理学天人合一的哲学观可以启迪人的思维,它所蕴含的艺术性特点可以陶冶人的情操,等等。可以通过运动和游戏的方式,而非口头说教,因势利导地将徽州文化的人文资源如春风化雨般潜移默化地沁入人们的心脾。正因为如此,将徽州民俗体育进行课程开发可以实现"随风潜入夜,润物细无声"的教育效果,可以巧妙地将人文精神的种子埋入参与者的思想深处并且生根发芽。如徽州游太阳、大刀舞等民俗体育活动都是为了纪念祖先和民族英雄人物,这些民俗活动本身就蕴含着爱国主义和奉献的精神。通过对这些民俗体育活动的学习,现代年轻人能够树立偶像的榜样力量,从中受到教育和鞭策。因此,在人文素质教育中,学生不仅可以参与徽州民俗体育活动从而获得锻炼,而且可以陶冶情操。

丰富多彩的徽州民俗体育形成于人们的社会生活,又服务于人们的生活,与人们的生活实际紧密相连。尽管随着时间的推移徽州民俗体育的内涵与形式发生着变化,但它在徽州及其周边地区有着广泛的群众基础,至今仍是人们喜闻乐见的身体教育方式。与课堂教学相比,通过民俗体育的方式来培养优秀品质、提高精神境界可以无处不在,民俗体育活动所到之处即是人文性教育的所在之处,不局限在课堂里。通过民俗体育活动以开辟人文素质教育的第二课堂,可以丰富第一堂课,有效地弥补第一课堂的不足,两者之间有机结合,相得益彰。徽州民俗体育本身具备的文化特质在传播文化精神理念方面具有独特的优势,在今天凸显人文素质教育的背景下要充分发挥其人文教育资源的作用。

三、徽州民俗体育的人文资源特点

在徽州文化土壤里孕育而生的民俗体育在徽州人社会生活中扮演着文化娱乐、习俗信仰等文化载体的角色。其历史发展演变过程清晰地折射出徽州古圣先贤和民间大众在社会生活中追求真、善、美的文化足迹,表明了徽州一代又一代先民在改造自然和完善自我的过程中所体现出的人文理想和信念。从人文教育视角而言,理想、信念、兴趣、审美等是人的价值观念、道德观念、审美情趣的基本内容。在这些方面,徽州民俗体育有着诸多的人文教育资源可待开发和利用。

(一)和谐精神:提升人们的亲近力

和谐是指事物内部的融洽和适应,文化的和谐性是指人与自然、人与社会、人与人之间的融洽与协调。和谐是徽州民俗体育最为典型的与突出的价值取向,也是较为鲜明的文化精神体现。在徽州民俗体育中,诸多项目缘于人们对自然的敬畏,是徽州人在自然和群体之间寻求协调并存的结果,是人们对天时、地利、人和的完美境界的追求。这些和谐印记从民俗体育的运动形式和所需器械等中随处可见,透露着人与自然、人与社会和谐共存的基本文化精神。

当代的人文素质教育是培养一个有知识、有责任感、有担当、热爱自然与社会的人。因此,和谐相处成为人文素质教育的重要内容。徽州民俗体育所体现的和谐理念,对提升人们与自然和社会的亲和力有着特殊的价值。

(二)重视人道:以人为本的人文传统

徽州民俗体育活动的开展十分讲究仪式和礼仪,活动的形式带有宗族家法和人伦色彩。它既来源于生活,又最终为生活服务,蕴含了"仰不愧于天,俯不怍于人"的做人之道和修养理论。不仅如此,徽州民俗体育文化所体现的以人为本的精神还体现在对现实生活积极乐观和对未来前景充满希望上。尤其在徽州传统节日中开展的民俗体育,更是将节日中人们乐观的心境和喜庆的气氛表达得淋漓尽致。同时,参与者尽情交流情感,引发共鸣,共同分享精神成果。徽州民俗体育中所蕴含的以人为本的人文之道是素质教育中的稀缺资源。另外,徽州民俗体育文化中蕴含的热爱生活、重视人伦、乐观自信等人文资源在今天的人文素质教育中可以观照人性的发展,透视自我,实现人格的升华。

(三)人文责任:追求真、善、美

人文素质教育以追求真、善、美等崇高的价值理念为核心,以人的自由全面发展为终极目的,它包含了科学的理性、道德的至善、艺术的完美、思维的深邃和知识的广博,是一种崇高的文化精神。人文素质教育的责任在于教人如何善待他人,如何提高人格魅力,从而在追求真、善、美中实现生命的价值。

每一个徽州民俗体育项目的背后都蕴含着一个动人的历史故事,是集知识性和娱乐性为一体的文化形式。徽州民俗体育可以成为今日实施人文素质教育的一种有效手段和途径。通过寓教于乐的方式既传承了知识,又弘扬了徽州民俗体育文化中的真、善、美,将健身和健心合二为一。

四、徽州民俗体育课程开发的基本思考

民俗体育要通过课程开发来发挥其人文价值。徽州民俗体育课程的开发不仅需要考虑教育目标、社会需求等外部要素,还要深入挖掘徽州民俗体育文化本身具备的人文教育性,注重其隐形课程的开发。事实上,很多地方民俗体育项目至今还存在民间乡野,处在散落状态。因此,徽州民俗体育的课程开发需要处理好学校体育课程理念和学校体育课程机制等现实问题。

(一)体育课程理念的更新

课程理念是指导教育行为的思想观念和精神追求,是学校课程的关键。学校体育课程理念是体育课程在运动实践和教育活动中对"体育教育应然"的理性认识或主观要求。换言之,学校体育课程理念是体育课程内容的决定因素,它规约着体育教材的取舍。学校体育课程的理念实际上体现的是学校体育的价值与功能对人的发展的意义,为人的全面发展和人类进步服务。当前它集中体现在"体质健康"教育与"以人为本"的体育人文素质教育的关系中。中华人民共和国成立后,我国学校体育的课程向着"健康第一"的理念转变,这反映了人们对体育教育规律认识的不断加深和升华。当今社会,学校体育工作主要是围绕学生的身体素质而展开的。以人为本的人文素质教育的核心是,在教育中注重学生价值观念、人格尊严、生命品质的培育,它始终把"人为最终目的"作为评价教育工作的标尺。

从人文素质角度而言,以"体质健康"为中心的学校体育向"以人为本"的学校体育课程转变是符合我国现代社会对人才的基本需求和学校课程设置的基本趋势。因此,在人本理念下对徽州民俗体育进行课程开发,应将徽州民俗体育的健身性和人文性项目进行整理与分类;在教材内容取舍上注重项目功能的多元化和一体性,注意学生的学习兴趣和爱好;在方法上将知识性、趣味性、有效性相结合,最大限度实现学生体质与人文素质的提高。

(二)学校体育课程机制的建立

学校体育目标的达成说到底是通过体育运动的形式来野蛮其体魄,从中也文明其精神。如何建立一种有效的课程机制是实现其价值和目的的重要环节。对于徽州民俗体育课程的开发,我们不能穿新鞋、走老路,应本着既要尊重现实又要推陈出新的原则,对徽州民俗体育进行积极的评估和开发,建立一套有新质、有张力的课程机制。为此,需要从以下两个方面来努力。一是注重徽州民俗体育项目背后的人文素材,建立有选择性的体育课程机制。每个徽州民俗体育的背后都有一个动人的传说和美丽的故事,这些传说和故事具有多样性特质。这些人文素材非常符合现代学生的审美心理,对其进行课程开发,会收到很好的效果。二是考虑到学生的身心特点和接受方式,建立渐进式和体验式的课程机制。与其他人文课程不同的是,体育课程的人文性是蕴含在体育项目的活动中。而体育技能与知识的学习,是需要经过不断的训练,需要花工夫和气力才能有所收益。体育的人文精神并非是训练就能获得,而是在活动形式中通过欣赏和品味来获得,它是一种情感的体验,是一种逐渐提炼和感受的过程。因此,徽州民俗体育课程的有效开发需要通过活动的体验,以此提高人文教育的效果。

第三节 文化产业视角下徽州民俗体育的旅游开发

一、问题缘起:徽州民俗体育在发展中如何实现双重效能

20世纪90年代以来,社会经济的全面发展将文化的传承与发展推向了市场前沿,在经济市场轨道上,文化产业犹如快速动车已经表现出强劲的发展势头,成为国民经济支柱性产业。随着文化与市场的不断融合,体育文化逐渐成为人们生活方式的重要内容,一直受到各界的广泛关注,并成为当代体育发展的重要路径和潮流。体育本身具备了文化生产力的特点,还通过市场促进体育文化精神的传播,借此广泛影响大众的价值观念,从根本上实现大众物质与精神需求的满足。体育文化产业的实质是将体育文化资源转化为文化产品,在市场进行产品交易与服务的过程中,发挥市场经济价值和体育文化的教育功能等双重效能。在文化产业发展的时代背景下,我国民俗体育文化的传承与发展要顺应文化产业化发展的时代潮流和规律,要顺势而为,乘势而上。

文化是旅游的灵魂。徽州民俗体育是徽州文化的活态载体,是徽州民间大众集体智慧的结晶,是在符合集体需求的基础上形成和发展起来的文化形态。随着徽州旅游业的发展,徽州的民俗体育可以借助黄山旅游品牌进行产业开发,为其传承与发展提供有益通道,同时这也是徽州旅游发展的迫切所需。通过旅游开发不仅获得经济效益,反过来也支持民俗体育的进一步发展,将以往体育文化垂直式的单向传播变为以市场为中介紧紧与大众文化消费需求相结合,从而激活传统徽州民俗体育文化发展的竞争力,为徽州地方旅游注入新的活力。另外,徽州有着被列为世界文化遗产的西递、宏村等古村落,域内遍布的历史文化遗产极其丰富,具备了民俗体育旅游开发的条件和资源。这些旅游资源为徽州民俗体育的旅游开发提供了平台,应该说,徽州民俗体育与旅游的开发可以互利互补。然而,在文化产业发展的格局中,徽州民俗体育应如何发挥自身的优势融入旅游开发中?徽州民俗体育旅游开发要以怎样的发展模式来更好发挥市场经济和文化精神的双重价值?诸如此类问题在现有研究中还没有得到有效澄清,有进一步认识

和研究的必要。故此,本研究将围绕上述问题展开探讨,目的是为徽州民俗体育的传承和发展提供有益参考,也为我国民俗体育的旅游开发提供思路和框架。

二、优势探寻:徽州民俗体育旅游开发的RMP分析

我国旅游学界学者吴必虎提出了昂普(RMP)分析理论,即以旅游产品为中心,进行资源分析(Resource Analysis)和市场分析(Market Analysis),在此基础上进行产品分析(Product Analysis)。该理论自提出以来,便得到广泛认可,成为我国文化旅游规划的科学依据和理论来源之一。RMP分析理论认为,区域文化旅游的开发实际上就是地域优势资源的市场开发,只有优势才有市场。

有比较才有优势。有必要借用RMP分析理论对徽州民俗体育资源优势和市场对其选择进行分析,并在此基础上结合徽州民俗体育旅游的资源优势与旅游市场条件对其旅游产品进行形象包装和设计。

(一)资源(Resource)分析

在文化旅游产业中,旅游开发的核心是形成有市场竞争力的产品,而资源是形成产品的基础和条件。徽州民俗体育旅游的资源主要包括徽州民俗体育项目资源、人文旅游资源(古村落、古民居和节庆文化等资源)以及徽州自然生态环境资源,这三个方面资源构成徽州民俗体育旅游的基础。

徽州民俗体育项目资源丰富,且文化类型多样。根据课题组调查统计,具有深厚文化底蕴的徽州民俗体育项目共计百余项。这些具备地方乡土气息和独特生活情趣的民俗体育项目历来是徽州各个古村落中的一道风景线,富有人文特色。它是用身体活动形态表达徽州地方民情风俗、人际关系、传统节庆的重要方式。游客在观看项目表演时感受到当地的民俗民风和深厚的徽州文化底蕴,在愉悦的同时得到熏陶和启迪。

谁拥有了丰富的文化资源,谁就掌握了旅游业发展的主动权[1]。徽州堪称文物之乡,内容涵盖了哲、经、史、医、科、艺诸多领域,徽州文化以其特有的历史文化内涵和神韵而雄称海内外,其人文资源特色显著。在徽州,现有世界文化遗产两项,包括"古建三绝"在内的国家级重点文物保护单位17处,

---

① 欧阳友权:《文化产业概论》,湖南人民出版社2007年版,第328页。

登录在册的地面文物就有5 000多处,列入国家保护名录的国家历史文化名城1座,中国历史文化名村6处(西递、宏村、唐模、渔梁、棠樾、屏山),还有国家级非物质文化遗产15项①,37处古民居被列为省级文物保护单位,等等。这些古民居不仅是历史文化的表征,而且是徽州民俗体育表演的重要场所。将徽州民俗体育项目资源和其开展场所具有的人文资源有机结合,用动态的体育活动形式表达地方文化思想意涵,这是徽州民俗体育旅游开发的有效途径。不仅如此,徽州民间的各类节庆文化异彩纷呈,各种节庆体育活动也极为丰富。如徽州古徽州民俗文化节、风筝节、国际传统武术节、黄山国际登山节、黄山国际山地车节以及各类传统农事节日中都要进行民俗体育展演,通过徽州民俗民风的对外展陈和宣传可以进一步诠释徽州文化的内涵和魅力。

徽州拥有具有世界旅游竞争力的"拳头"自然景观资源。徽州及附近有着"黄山归来不看岳"的黄山,被誉为"皖南翡翠"的太平湖及翡翠谷。政府凭借地方自然优势打造了宏村、西递、棠樾牌坊群、花山谜窟、唐模、呈坎、齐云山、牯牛降等一批国内外知名旅游景点,已经开发的自然景点几十处,其中有国家地质公园、5A级景区、4A级景区等。这些景点已构成自然风光秀美、文化特色鲜明的全方位旅游资源体系,这在全国是十分少见的。徽州的这些地理环境和资源为民俗体育旅游的开发提供了有益的资源环境。徽州以山湖为主体特征的自然资源不仅在民俗体育旅游中提供独特的生态风光,也为开发攀岩、龙舟等民俗体育活动提供了优势条件。

(二)市场(Market)分析

从旅游区位来看,徽州位于长三角旅游圈,与上海和浙江共同构成黄金旅游线路。长三角旅游人口较为密集,为徽州旅游市场提供充足的游客。近些年来,徽州各地紧紧抓住旅游市场快速发展的机遇,大力建设皖南国际文化旅游示范区,并将体育旅游内容纳入示范区建设中,为徽州民俗体育旅游的开发创造了市场环境。

从需求市场来看,随着社会经济的发展和人们生活水平的提高,人们对健康、休闲、文化娱乐等需求不断拓展,因此,集历史文化内涵和健康娱乐于一体的徽州民俗体育将在旅游市场中受到广泛欢迎,其市场前景广阔。被

---

① 章尚正:《徽州文化生态保护与利用的四维发展》,《黄山学院学报》2010年第1期。

评为中国体育旅游精品线路的绩溪"徽杭古道"在2014年五一长假期间就接待徒步游客5.1万人次,收入500多万元,徽州其他各县凭借体育旅游在此期间获得经济效益1200万元①。该数据足以表明,民俗体育旅游的需求市场在不断拓展。

从供给市场来看,徽州民俗体育旅游在徽州体育旅游市场中所占比重不高,有待进一步提升。目前,徽州各地依靠各类民俗文化节上的民俗体育表演来吸引游客,很多民俗体育的价值和功能没能得到充分挖掘和开发,其供给市场表现出弹性大、扩展性强等特点。

(三)产品(Product)分析

旅游产品是旅游经营者为了满足旅游者的物质和精神需要,依托旅游资源,经过策划、包装和设计,向旅游市场提供的一种特殊产品②。从根本上而言,能否形成有卖点的产品是民俗体育旅游开发的核心所在,而其卖点实际上也是一种市场比较竞争力,如何开发徽州民俗体育旅游产品的比较优势则是开发的关键所在。因此,徽州民俗体育旅游的开发和设计必须结合市场需求,突出民俗体育项目中的文化内涵、地域特征,将徽州的古民居、古村落、节庆休闲、风景观光游等优势资源优化组合起来,形成民俗体育旅游特色产品,提高经济增长点。

徽州的民俗体育形式多元,类别多样,既有水上项目,也有陆上项目,具备休闲娱乐、保健养生、竞技表演多重价值与功能。可以将民俗体育项目与上述优势资源结合,作好"徽文章",形成多重价值与功能的旅游产品,在旅游市场中形成独特的竞争优势,让游客通过产品消费来认识徽州文化。但并非所有开发出来的旅游产品都有市场,任何文化旅游产品必须形成精品才具有市场生命力。根据相关学者的调查,在目前和未来一段时间里,民俗体育的参与体验游和休闲娱乐游产品将更受市场欢迎。故此,徽州民俗体育旅游的产品开发要锁定这两类目标消费群,重点打造民俗体育参与体验游和休闲娱乐游精品。

---

① 数据来源:2014年7月"第六届全国体育产业经营管理学科建设研讨会"在芜湖举办,安徽省体育局副局长甄国栋先生在开幕式致辞中提出此数据。

② 吴必虎、俞曦:《旅游规划原理》,中国旅游出版社2010年版,第147页。

三、理性求索:徽州民俗体育旅游开发的范式

(一)徽州民俗体育旅游开发的现状与问题

所谓民俗体育旅游的开发就是将民俗体育及其传承地的特色优势资源进行改造,转化为旅游产品,发挥其吸引力。最终目的是将潜在的资源优势转化为经济功能和社会效应,最终目的的实现需要根据目前已经开发的状况进行摸底和再开发,并从中总结经验,发现问题,为当下服务。即使已经得到开发利用的资源,也要根据当前和未来消费市场的需求变化重新规划,因为任何旅游项目都有生命周期。因此,把握和总结徽州民俗体育旅游开发的现状与问题,将推动其资源的充分利用,促使双重功效的发挥。

在徽州,民俗体育旅游的开发还处在起步阶段,但发展前景喜人。2008年,黄山市政府依靠黄山风景区的优势并围绕传统武术项目成功举办了"黄山论剑""黄山国际传统武术大赛"等赛事,成功将体育赛事与地方旅游结缘,开创了体育旅游的先河。2009年,"黄山国际登山节""古徽州民俗文化节"等节庆活动相继举办,通过民俗民风的展现,致力于拉动地方经济的增长。在此期间,民俗体育得到充分展现,进一步提升了徽州文化的对外形象。除传统武术赛事和节庆民俗体育表演以外,徽州各乡镇近几年紧抓旅游市场机遇,在游客观光中增加民俗体育活动表演,以此吸引游客。这类初步开发的项目有赛龙舟、跳钟馗、叠罗汉、采茶扑蝶舞、得胜鼓、凤舞、打莲湘等(见表9)。

表9　徽州民俗体育旅游开发现状

民俗体育旅游产品	依托的景点	开发的项目
活动观赏类	黄山风景区	民间传统武术
	五城古村落	赛龙舟、得胜鼓
	雄村古村落	跳钟馗
赛事观光类	叶村古村落	叠罗汉、打秋千
	环沙村古村落	目连戏、采茶扑蝶舞
	雉山卢村	凤舞
	黎阳古村落	打莲湘

从目前开发的现状来看,徽州民俗体育旅游与其他文化旅游相比,存在

起步晚、产品少、开发意识不强等问题。随着我国文化经济的快速增长和人们生活水平的提高,人们参与体育活动的意识进一步增强,集健身、娱乐、休闲、民俗风情于一体的民俗体育活动受到大众的欢迎。已经开发的产品主要集中在少数村落中的表演性民俗体育项目上,这说明徽州民俗体育中很多项目资源还没有得到有效挖掘与整理,其赛事资源还没能得到开发,发展空间有待扩大。由于缺少专业的规划设计和有效管理,部分乡镇为追逐经济利益,迎合现代人的审美需要,随意扭曲民俗体育活动形式,这必然导致传统民俗体育中的人文资源丢失或破坏。由于尚未建立一套文化保护机制,导致在开发中对文化保护和发展重视不够,其结果不仅使徽州民俗体育文化的乡土特征丢失,从长远来看,还会损坏它在旅游市场中的发展潜力,弱化其价值与功能。

(二)徽州民俗体育旅游开发的二维观

任何一种体育旅游资源的开发模式都要从其资源类型方面来考虑。徽州的民俗体育活动类型主要是竞技类、健身休闲类、表演观赏类、娱乐体验类等,这些不同类别的资源分布在不同县域,区别也较大。民俗体育旅游资源的类型决定了其开发模式。不同民俗体育项目资源的开发并非无章可循的,要发挥其经济价值和社会效应,就必须在开发中遵循资源"对内求深度"和市场"对外求广度"两个维度。

开发的深度。所谓"对内求深度",即民俗体育旅游的开发要发挥资源优势。徽州民俗体育旅游的开发实际上是一种资源型开发,需要对项目资源进行深度挖掘整理和归类,包括外在的活动形式等物质形态和项目活动表达的精神内涵。从文化产业理论视角而言,民俗体育旅游的开发实际上就是优势资源的开发过程。而徽州民俗体育旅游的开发不能脱离徽州旅游这一大环境。众所周知,徽州旅游的文化优势在于徽州文化的典型性和特殊性。作为徽州文化活态载体的徽州民俗体育,其旅游开发必然要体现徽州文化的精神内涵,向内求深度,也只有建立在此深厚的文化基础上,才能提炼出画龙点睛式的导游词,才能培育出具有地方特色的民俗体育旅游精品。除此之外,很多资源项目开展的场所是分布在具有历史文化价值的古村落中,古村落中的历史文物遗存等体现了种种历史文化信息,具备高雅的审美价值,其活动场所本身也是资源展陈的有效载体。如被世人誉为"古建三绝"的古牌坊、古民宅、古祠堂,其艺术性和文化性举世罕见,历来是徽州民俗体育开展的重要场所。通过项目及其场所资源双向联动开发,挖掘其深度,从中展现徽州地域风情和遗风,必将吸引游客眼球。

开发的广度。所谓"向外求广度",即民俗体育旅游的开发要围绕市场需求,努力打造精品,突出产品特色,扩大市场主体范围。现有的研究表明,不同年龄、不同职业群体对体育旅游的需求有着很大的区别,如何围绕不同群体的需求打造具有不同特色的旅游产品是民俗体育旅游开发的核心。因此,徽州民俗体育旅游的开发要对市场主体即游客的需求进行把握,要结合资源优势进行产品的形象设计,要在市场预测的基础上确定近期目标和中长期目标。民俗体育的旅游产品设计既要符合当前人们的健身娱乐和休闲体验的需求,也要形成精品,形成由点带面的开发格局。

(三)徽州民俗体育旅游开发的框架设计

总体而言,徽州民俗体育旅游开发既是一种依托资源性的开发,又是围绕市场主体需求生产旅游产品的过程。针对目前徽州的旅游定位是以观光旅游和文化遗迹观赏为主的现状,徽州民俗体育旅游的开发应主动融入其中,为徽州地方旅游注入新的活力。作为刚刚兴起的旅游模式,民俗体育旅游的独立开发涉及交通、住宿等一系列基础产业的支持,投入的成本大,且收效有市场风险。因此,在目前阶段,徽州民俗体育旅游的开发要结合地方旅游发展实际,利用徽州旅游已经发展起来的较为完备的支持系统,主动融入其中。正是在这样的开发理念下,民俗体育旅游产品的设计包装就需要考虑到观光游客和文化遗迹观赏游客两类人对民俗体育旅游产品的兴趣点。

20世纪90代,徽州黄山、西递、宏村等旅游资源作为旅游产品对外销售时,其消费主体主要集中在国内东部和中部地区。近十年来,其消费主体已经发生了变化,由来自国内部分地区的游客发展到全国甚至国外的游客,且数量呈上升趋势。消费主体的变化,不仅说明了人们生活水平的提高,而且说明了徽州文化逐渐在世界范围内得到传播。从长远来看,作为一种社会生活方式,民俗体育赛事观光游必将受到青睐。

针对目前和未来游客的选择,在民俗体育旅游产品的包装设计上要将民俗体育的项目转化为观光体验性产品和观光娱乐性产品,并将此作为目前优先开发的组合型旅游产品推向市场。正因为徽州民俗体育旅游的开发是建立在资源上的组合开发上,所以有必要对资源的组合规律加以认识。鉴于此,得出以下开发框架。

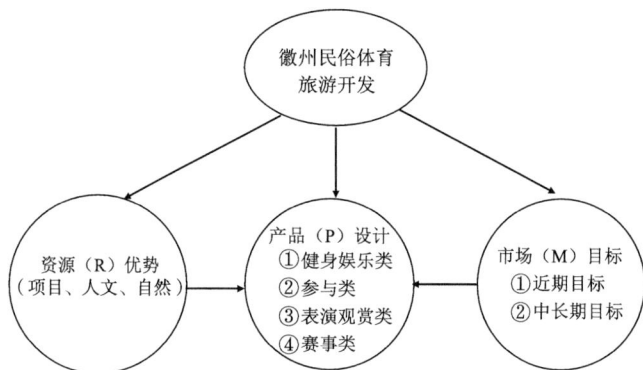

徽州民俗体育旅游开发框架设计

(四)徽州民俗体育旅游开发与文化传承并举

民俗体育的发展借文化产业这趟快车而实现自己的双重功能,是一种机遇,同时也有发展的风险,即在开发中造成地方个性的丢失。但不能因为怕开发导致文化原真的缺失而裹足不前,事物的发展总有两面性,关键是要在发展中做到趋利去弊。任何一种文化的旅游开发与利用,都是以不损害下一代人对文化的需求为前提的,对于徽州民俗体育而言,其旅游开发的主要目的就是使民俗体育文化本身在利用中得到快速发展,其根本所在还是满足人们的需求。只有满足人们需求的产品才能在消费市场被接受。由此,徽州民俗体育的开发是能够创造体育文化需求的文化旅游产业,依托徽州物质文化和自然生态资源,实现民俗体育文化资源的最大化。然而,徽州民俗体育文化产业是一把双刃剑,在大量生产民俗体育文化产品以满足人们需求的同时,又把其文化风格单一化和普遍化,造成其自身风格的逐渐缺失,在打开旅游大门的同时也为各种他域的民俗、民间传统体育文化的传入敞开怀抱,这必将造成徽州地方民俗体育个性的丢失。因此,要充分评估徽州民俗体育旅游开发所带来的文化负效应,理性认清旅游开发的基本规律和徽州民俗体育文化的自身特性。

徽州民俗体育的旅游开发还处在刚刚起步阶段,其开发的经济效益和文化效应之间的矛盾已初见端倪。两者的矛盾主要表现在以下两个方面。

一是错位开发导致其本真文化扭曲。即在市场经济利益的巨大诱惑下，只注重眼下效益而忽视民俗体育文化本身的文化功能和长远价值，造成民俗体育自身歪曲和异化，这正是民俗体育在文化产业开发中存在的致命伤。无中生有或加工篡改的民俗体育文化旅游只顾眼前利益，采用杀鸡取卵式的旅游开发，必将影响徽州民俗体育的可持续发展。二是粗放开发导致其文化价值贬值。这集中表现在为争夺市场，民俗体育旅游开发往往注重产品的包装设计而忽视内涵发掘，导致其文化品位降低，使人们在产品消费时感受不到徽州的特色和优势，最终得不到应有的文化尊重。

尽管文化的旅游开发存在两面性，但并不意味着旅游开发和文化传承之间没有共通性。两者之间有着诸多的结合点，多点链接可为其双重功效的发挥提供可能。其结合点主要表现在两个方面：一方面，通过徽州民俗体育的旅游开发可以提高自身的知名度和社会地位，对其保护和传承更易受到社会关注，得到资金支持；另一方面，保护好民俗体育文化的原真性与完整性是旅游开发可持续发展的基础和条件。鉴于此，徽州民俗体育旅游开发应采取以下保护措施。一是将徽州民俗体育作为体育文化遗产纳入徽州文化生态保护实验区建设中，并将项目所在的古村落、古民居作为一体工程来保护和建设。自徽州文化生态保护实验区建设以来，共设立了多个文化生态保护项目。其中，"百村千幢"古村落和古民居是保护的重要内容，近年来部分古村落得到了很好的开发和利用。要采取物态和活态相结合的方式来保护民俗体育和村落文化。二是分层逐步开发，保护与利用并举。就目前来看，徽州民俗体育的旅游开发还有很长一段路要走，将所有民俗体育项目同时开发并不符合实际，应分层逐步开发。将已经有一定社会影响力的叠罗汉、徽州傩舞等项目开发成表演欣赏型的旅游产品，融入地方旅游市场，逐渐打造成旅游精品，而将一些市场消费较少的产品先进行保护，待时机成熟再进行开发。

总之，在以人文资源和自然资源为依托的开发中，文化保护传承和建设性开发并重。文化保护和传承是旅游开发的有源之水，是可持续发展的前提；同时，徽州民俗体育应该主动融入地方旅游产业中，发挥自身的文化生产力效益，为满足人们的物质需求和精神需求发挥作用。

第八章　徽州民俗体育的当代发展

　　民俗体育具有时代性、地域性和民族性特点,它会随着时代的变迁和地域的转移而产生变化,徽州民俗体育也不例外。徽州民俗体育发展的实质就是文化发展的过程。

　　徽州民俗体育只有发展才能显现生命力。徽州民俗体育具备厚重的文化基础。文化赋予现实意义,但也需要现实的承载,两者有效结合方能为其发展找到有益通道。总体而言,民俗体育只有在满足和顺应人们需求的基础上才能真正实现其当代发展。因此,民俗体育的发展离不开人的生活空间和社会需求,只有回归到人们的生活世界和社会发展诉求中才能真正实现其有效发展,否则,其发展则显得毫无根基。文化能否持续发展,继承与创新是关键。伴随着徽州历史发展轨迹而来的民俗体育必然会留下各个时代的文化印记,很多的生活性形态与观念并不符合现代的社会潮流,其中不可避免地夹杂有旧社会封建迷信的因素。我们要剔除民俗体育活动中一些封建落后因素合理利用其积极部分,从而为今天的社会主义现代化建设服务。

　　民俗体育融入人民群众的日常生活是民俗文化赖以生存和发展的沃土。因此,保护民俗体育,促进其可持续发展的根本措施,在于强化当地群众的自觉意识,提高他们对本地民俗体育的认识。这样,人们才能自觉地继承优良的传统民俗体育,不断创造新的民俗体育,使民俗体育在社会的变迁中进行自觉的改造,保持旺盛的生命力。徽州民俗体育的发展是一个历史过程,在不同的历史时期,由于内外环境的变化而呈现出不同的发展状态。而不同的发展状态始终不能脱离其内部核心要素,即离不开时间、空间和传承主体三个要素。从时间要素看,涉及从过去、现在到未来的文化意义转换;从空间要素看,涉及发展空间从村落到城市甚至全国逐步扩展;从传承主体来看,涉及从单一宗族到社会、政府相结合。这就需要在徽州民俗传统与现代生活和社会需求之间建立有效的调适机制,从而实现文化价值的转化。

第一节　徽州民俗体育发展的现状与困惑

一、徽州民俗体育发展的现状

政府及其相关部门历来重视民俗体育资源的保护和发展工作。自20世纪80年代至今,经过30多年的努力,已经做了大量的工作,并取得了一定的成效,主要体现在以下四个方面。

一是颁布了一系列有关民俗体育保护的法规、条例和意见。从文件颁发的部门看,涵盖了从中央到地方各级人民政府,既有分管的体育部门,也有分管文化、教育、宗教等相关部门。内容涉及法律法规、制度保障、组织保障、资金保障、物质保障、人员保障、活动项目保障等。

二是通过非物质文化遗产立项措施加强保护民间民俗体育。目前,在国家相关部门将民间民俗体育作为非物质文化遗产进行保护的环境下,徽州各地纷纷将民间民俗体育作为非物质文化遗产进行申报,在目前省级非物质文化遗产中,徽州民俗体育占19项(见表10)。除了省级以外,地市级也建立了自己的非物质文化遗产保护名录,并逐步向各县扩展。

表10　省级非物质文化遗产名录中的徽州民俗体育项目

批次(项数)	民俗体育项目
第一批(5项)	黎阳仗鼓、祁门傩舞、徽州目连戏、跳五猖、轩辕车会
第二批(5项)	叶村叠罗汉、抬阁、徽州板凳龙、采茶扑蝶舞、火狮舞
第三批(8项)	跳钟馗、手龙舞、火马舞、游龙舟、抬五帝、跳旗、齐云山道场表演、三阳打秋千
第四批(1项)	徽州武术

三是加强相关课题立项,为民俗体育资源的保护提供科学支撑。近几年来,国家通过非物质遗产立项等措施来加强政策保护之外,国家社科办和

国家体育总局还通过相关课题研究等进一步为徽州民俗体育的政策保护提供科学支撑。2011—2013年国家有关部门在相关科研项目立项数、经费方面的投入不断提高(见表11)。

表11　国家社科办、国家体育总局相关立项课题情况统计(2011—2013年)

时间	国家社科办立项数与立项经费	国家体育总局立项数与立项经费
2011年	1项/12万元	3项/8万元
2012年	1项/18万元	5项/15万元
2013年		5项/12万元

四是地方政府与相关组织有效利用民俗体育资源,对部分项目进行了一定程度的开发。徽州民俗体育不仅具备体育的特性,还蕴含着民俗文化的巨大价值,对民俗体育资源的开发是对其保护和发展的应有之义。尤其是21世纪以来,诸多学者和政府相关部门对部分徽州民俗体育资源的开发探索出了以下几个主要路径(见表12)。这也是我国民俗体育资源开发的未来方向。

表12　部分徽州民俗体育资源的开发路径和项目

开发路径	主要项目
全民健身	舞抽担、跳竹竿、打铜鼓、背篓球、风筝
学校课程	拔河、摔跤、舞龙、舞狮、赛龙舟、高脚竞速
运动竞赛	赛龙舟、打秋千、打陀螺
旅游开发	斗牛、叠罗汉、斗羊、斗鸟

二、徽州民俗体育发展的困惑

对推动徽州民俗体育发展的探索是坚持以人为本的发展观与体育实践相结合的较好范例,为徽州民俗体育的未来发展和创新提供了示范作用。但在其发展过程中仍然面临传统民俗体育项目大量消失、科学化过程导致文化认同力受阻、理论研究滞后、发展路标不明等问题。随着社会和全球化的加速发展,徽州民俗体育在发展中面临的境遇和困惑将会越来越明显。

(一)传统民俗体育项目大量消失

显而易见,徽州民俗体育属于传统文化的范畴。传统是相对于现代而言的,依据民俗学者的观念,民俗体育文化至少要传承三代以上。从历史演进的过程来看,在徽州特定的地理环境中形成的民俗体育在人们的生活中不断被再创造、被传承,从未间断。而在中华人民共和国成立之后,尤其是改革开放之后,徽州民俗体育文化项目受到前所未有的文化冲击。虽然在近些年徽州民俗体育文化的价值逐步得到认识,一些项目得到挖掘整理和逐步恢复,当地政府和相关部门采取了有力措施来推动民俗体育的发展,但仍然不能避免大量传统民俗体育项目的消失。究其原因,是中华人民共和国成立之后社会的政治、经济、文化等发生了根本性变化,农村体育文化发展的杠杆出现倾斜,即竞技体育占据了主导地位,土生土长的民俗体育文化失去了本土竞争力,其地位和作用自然衰微,处在了逐渐边缘化的状态。在此背景下,徽州的民俗体育发展空间受到了强烈的挤压,时至今日,有些娱乐性不强的民俗体育项目已经完全从人们的生活中消失。

随着人类社会的不断前进和发展,徽州民俗体育唯有在社会的进步中不断去旧取新才能不被社会发展的浪潮覆灭。如果拒绝民俗体育现代化,将会导致它衰弱或消亡。然而,在现代化再创造的过程中,"不少经过改造的民俗体育活动或者呈现出更多的竞技性,或者是更多的商业性。西方竞技体育文化元素及商业化市场元素的介入,使民俗体育传统出现了蜕变"[①]。

(二)科学化过程导致文化认同力受阻

"现代化就是一个模具,在衡量、塑造和生产众多的文化形式,就像一个固定的手术一样,只要上了他们的'手术台',就会被他们整出一些固定的'面容和形态',而这些面容和形态的模板就会是现代的、外来的。"[②]正如前文所述,民俗体育总是与人们的社会生活密不可分。因而对徽州民俗体育发展的认识与考察,要置于民间社会文化语境中,才能找到有效方法和答案。不能将其从生活文化中剥离出来,着重强调其科学性、独立性或商业性等价值,并以此为依据来发展民俗体育。实际上,近些年,相关部门对徽州民俗体育的发展路径进行了探索并且取得了一定的成效,但因参与人群的数量少,规模小,有些项目在发展过程中因缺少乡土性而造成它在村落生活

①　刘旻航、李树梅、王若光:《我国民俗体育的现代功能及社会文化价值研究》,山东人民出版社2012年版,第227页。

②　李延超:《民族体育的生态与发展——南方喀斯特地貌区域的调查》,上海体育学院2011年博士学位论文。

中出现"无人化"景象。造成这种景象主要是因为传承主体的背井离乡和断层、大量的民俗体育项目进入旅游业中造成文化真实性缺失、其文化权力在乡村文化中日渐式微,等等。这些问题给徽州民俗体育的发展带来了挑战。

徽州民俗体育的科学化改造和创新是其发展的内在规律和必然要求。民俗体育的科学化过程离不开现代元素的添加和封建元素的剔除,以适应人们的需要。当前徽州民俗体育的科学化涉及运动形式上的"西化"现象,实质是运动技术的改变,而其所蕴含的宗教信仰、生活习惯、价值观念等文化内涵并没有发生相应的改变,这必然导致人们对民俗体育的认同力下降。而"认同是信息化时代的核心问题"[1],接受一种文化或拒绝一种文化,都与是否认同其价值有内在联系,如果不解决认同的问题,文化之路就不可能走得太远。从文化的角度来看,徽州民俗体育的发展不仅仅是运动技术的改变,更是它所蕴含的文化的守望和回归,是人们对其内在价值的认同和接受。正是因为徽州民俗体育具备了独特的区域文化特色,才在人们的社会生活中得到强烈认同从而不断被传承、创造、发展。所以,徽州民俗体育的科学化过程中出现的形式上的"西化"现象看似是技术上的再创造,实质涉及的是文化认同的问题。在目前阶段,徽州民俗体育还没能形成或是融入体育学科体系中,竞技式的科学化改造让其失去了原有的古朴与自然风格,脱离了徽州民俗文化的母体,使其文化认同力受阻。

(三)理论研究滞后,发展路标不明

随着现代化和城镇化建设浪潮的快速推进,民间民俗文化不可避免地受到现代文化的冲击而产生异化和诸多的不适应,徽州民俗体育文化也不例外。在传统社会,徽州民俗体育活动与生活文化之间紧密相连。在当今快速发展的社会中,徽州民俗体育赖以生存的社会文化发生了翻天覆地的变化,而民俗体育研究的理论体系并未形成,因此,其发展容易陷入无序化状态。高度决定视野,没有一定高度的研究理论作为智力支持,徽州民俗体育的发展就不可能进入宽阔的轨道。因此,徽州民俗体育在发展中的思路不清、路标不明等问题已经显现。

20世纪80年代,徽州文化的整理和推广使徽学作为一门学科得以兴起,

---

① 中国社会科学院新闻与传播研究所:《中国新闻年鉴》(2008),中国新闻年鉴社2008年版,第325页。

然而作为徽州文化重要象征的民俗体育并没有列入徽学中。直到近几年，徽州民俗体育作为一种文化或是一种健身体育得到一定的重视，随着民俗体育文化研究热的推波助澜，徽州民俗体育的挖掘和整理工作才得以初步展开。而实际上，徽州的一些民俗体育项目已经在社会的发展中出现了很大变化，如一些民俗体育开始登上表演的舞台，其运动形式开始向艺术化方向转变。徽州民俗体育的发展与理论研究之间的不协调不仅造成了发展方向上的无序性，而且使它在今天快速发展的社会中陷入低层次和重点不明的怪圈。

第二节　徽州民俗体育发展的场域选择

"体育是社会发展和人类文明进步的重要标志，是综合国力和社会文明程度的重要体现"，"我们要坚持以增强人民体质、提高全民族身体素质和生活质量为目标，高度重视并充分发挥体育在促进人的全面发展、促进经济社会发展中的重要作用"[①]。这为当前和今后一段时间我国体育的发展提供了经验：应将体育的发展放到促进社会经济和文化发展、促进人的全面发展的场域中。

徽州民俗体育是徽州文化的活化石，文化内涵丰富，形式多样，如何对待其未来发展，问题十分复杂。体育文化的发展涉及发展意义、发展出路、发展主体、发展方式等多个方面。"人类的一切文化都是为满足一定群体生存、发展的需求，而产生、存在、传承和演变的。"[②]因此，需求是文化发展的根本动力。作为一项体育文化，必须把徽州民俗体育的发展放置到社会发展需求和个体发展需求的大场域内，才能为当下所用。这就需要从民俗体育、经济文化需求和人的全面发展共生的视角进行深入剖析。将徽州民俗体育置于社会经济、政治、文化、教育等宏观系统和民间社会生活的微观系统的共生关系中，选择既要适应社会经济、文化发展要求又能满足人们生活需要的文化之路，从中找到一种良性的、可持续性的发展场域。

---

① 国家体育总局政策法规司：《中国体育哲学社会科学研究：1978—2010》，人民体育出版社2013年版，第78页。

② 钟敬文：《婪尾集》，新世界出版社2002年版，第218页。

一、发展的意义:经济效益和社会效益共存

在宏观和微观的体育文化发展场域中,经济效益和社会效益是其重要内容。所谓经济效益是指充分利用民俗体育的资源优势进行产业化开发,它可为民俗体育发展起到反哺的作用,体现的是近期目标;社会效益是指在资源利用时要最大限度地发挥其物质文化价值以满足人们的精神和文化需求,体现的是长远利益。经济效益和社会效益是既对立又统一的关系。对立是因为两者所实现的目标不同,统一是因为社会效益是经济效益的基础,经济效益是社会效益的体现与补充。

对民俗体育进行经济开发,会提高人们传承民俗体育的积极性。在当今大力发展旅游经济的背景下,民俗体育融入地方旅游经济建设中是民俗体育生活化的必然要求。因此,将徽州民俗体育作为旅游产业进行开发,追求经济效益应是其发展的应有之义。就传统体育文化而言,"脱离自身传统体育文化会丧失发展的基础,无视外界体育文化会失去比较与进步的动力,不把握时代体育文化精神无法建立自身特色的体育文化体系"①。在民族精神更新和再塑造的时代召唤中,徽州民俗体育的文化精神可为我国传统体育的现代化和人的进步作出应有贡献。正因为如此,我们在追求徽州民俗体育经济效益的同时,必须坚持其本身的文化传统特质,发挥其文化精神价值以实现社会效益。

二、发展的内涵:休闲、教育、健身、文化和谐共生

徽州民俗体育是徽州文化的活态载体,也是徽州文化的重要表现形式之一,有着厚重的文化内涵和文化价值趋向。"只有正确认识内涵价值和不同历史时期价值体系的动态变化,才能更好地从整体上把握民族传统体育的发展,确定在特定时期的价值定位。"②从历史上看,徽州民俗体育发展的内涵价值在不同时期呈现出动态的变化。即在徽州生产力极为落后时期,民俗体育脱胎于生产劳动,是人们从生产生活中逐渐分离出的一项身体运动文化,肩负着物质生存和民间信仰的功能。"人类对体能的要求来源于生

---

① 易剑东:《体育文化学》,北京体育大学出版社2006年版,第283页。
② 张选惠、李传国、文善恬:《民族传统体育概论》,电子科技大学出版社2013年版,第79页。

存的本能。而这种要求一旦成为自主提高体能的意识和行动,体育运动也就应运而生了。"①随着徽州社会商业和地方社会物质的发展,民俗体育活动渐渐成为民间大众的一项娱乐内容和宗族教育的重要手段,成为管理宗族的身体文化工具和娱乐生活方式的必需品。民俗体育发展内涵取向的变化为其今天在高速发展的现代社会中的定位提供诸多启示。

无论徽州民俗体育发展的内涵如何演变,它都有一个不变的中心,即民俗体育的价值都是为了满足人们的社会生活需求。这是徽州民俗体育得到发展的内在因素。因此,徽州民俗体育的发展内涵应紧紧围绕时代的诉求,在不失自身的技术特征和人文精神时,作好价值的当代转换。徽州民俗体育虽然在发展中呈现了竞技性的一面,但随着现代信息社会的发展,人们的生活需求呈现出更加关注健康、休闲娱乐、感受文化气息等特征。因此,在对徽州民俗体育内涵进行定位时,既要注重其休闲娱乐的时代需要,激发人们参与的动机,又要坚持人类健康最为本质的核心问题。在现代体育娱乐化、健身化、人文化的发展潮流中,徽州民俗体育必须要融入其中。本着适应多元化的社会和个人需求,充分实现徽州民俗体育的文化价值和魅力。在发展内涵的定位上,应坚持本土气息,大众参与,以文化娱乐和健康文化为取向,使两者互为补充,和谐共生。

三、发展的出路:文化产业与课程开发并举

随着中国经济社会飞速发展和全球一体化进程的加快,中国正在从传统向现代的社会转型。在这一过程中,徽州同我国其他很多地方一样呈现出以下几个基本特征:从农业社会向现代信息社会转变;从资源匮乏型社会向小康社会迈进,人们的精神文化需求日益旺盛;市场经济的规律将竞争与商业元素注入文化领域。中国的现代社会转型深刻地改变了中国文化的面貌,加速了文化更新过程。文化的更新也将体育文化推向了前所未有的境地,在此态势下,徽州民俗体育的转型创新也就不可避免。

20世纪90年代,随着人们对传统体育认识和参与的深入,民间的传统体育逐渐受到相关部门的高度重视,并开始由过去散在民间向社会化方向发展,为全民健身做出了一定的贡献。不仅如此,在市场和文化产业化的推动

---

① 郝时远:《体育运动的人类学启示》,《世界民族》1997年第4期。

下,传统体育作为体育事业的一部分向产业型方向发展。事实也证明,生活化、社会化、产业化、课程化是当今民俗体育发展的基本方向。事实上,徽州民俗体育在发展的过程中,已经与地方旅游业相结合,这为其产业化发展提供了宝贵的经验。从某种意义上说,徽州民俗体育的文化产业化已经到了"小荷初露"的阶段。将徽州民俗体育作为一项文化产业开发,旨在谋发展出路,而不是简单地追求经济数据的提升和数字的增长。因此,不能把徽州民俗体育文化产业的开发等同于民俗体育旅游,而是要推动民俗体育多元产业化发展,丰富民俗体育文化产品,催生新的民俗体育文化产业与体育休闲等产业联动发展,形成新的经济增长点。

学校是文化传播的重要场所,承担着传承人类智慧和促进人的身心健康发展的重任。徽州民俗体育作为人类的健身手段和文化精神存在,对青少年的全面发展有着不可替代的作用。在今天,学校同样肩负着对徽州优秀民俗体育文化传承和推广的责任。徽州民俗体育在民间一直是通过口耳相传、口传身授的方式进行家族式传承。这种传承方式在徽州社会人口大量流动时,会造成"艺人不继"的局面,给其发展带来困难。学校是普及民间民俗体育的重要场所。要有计划地在徽州当地普及民俗体育教育,推动民俗体育进校园、进课堂,丰富体育课程内容,并在此基础上做好普及与提高工作。

总之,在我国传统体育逐步社会化、生活化、产业化、课程化的时代背景下,徽州民俗体育的发展应积极审时度势,顺应时代和社会发展的要求和趋势,在保留传统文化特质的基础上,对其进行产业化和课程开发。

四、发展的主体:政府与民间共谋

散布于徽州民间的民俗体育是由民间大众创造的,其传承与发展的主体在徽州民间。因为,徽州民俗体育的生产者在徽州民间,各个村落是其生长的空间,所以它具有典型的"草根性"特征,又与地方的经济、文化、艺术等有着千丝万缕的联系。无论是过去、现在还是未来,徽州民俗体育依然需要依靠民间大众。没有大众的积极参与,再好的想法和计划都是纸上谈兵,最终得不到落实。

徽州各县的民俗民风和民俗体育发展的基础和条件各异,这就需要发挥地方政府的主导地位和宏观导向作用。目的是为地方民俗体育争取更大的生存空间,确保其在未来能科学、有序、健康、可持续发展。在民俗体育发展的过程中,地方政府的主导地位体现在以下方面:一是制定科学、合理、有效的政策,为民俗体育的发展提供制度保障和方向,从而推动民俗体育快速发展;二是地方政府要为民俗体育的发展提供资金支持并在发展中加以监督;三是地方政府要为民俗体育的发展提供人才支持,徽州很多民俗体育项目因传承人的缺失而造成面临消亡的状态,亟待政府在人才上加强培养和帮扶;四是政府要大力推进徽州民俗体育的挖掘整理与研究工作,彰显其价值与优势,进一步丰富民间传统体育的宝库。

在发展徽州民俗体育的主体问题上,民间主体与政府主导是互为补充的。徽州民俗体育发展的根基在徽州民间,因此,徽州民间主体积极性和主动性的发挥是发展民俗体育的动力,也是发挥政府主导功能的前提。民间主体积极性的发挥离不开政府的宏观导向作用,因此,政府在发展民俗体育事业上有着不可替代的作用。徽州民间主体与地方政府主导形成合力,才能真正实现徽州民俗体育的发展。

五、发展的模式:体育文化与生活交融

徽州民俗体育来源于生活,又服务于生活。徽州民俗体育的本质是一种体育文化。从外在形式上看,徽州民俗体育与现代竞技体育有很大不同,甚至看起来不像体育,而是一种教育形式、娱乐形式,或是宗教与艺术形式,尤其很难与徽州民间的舞蹈艺术划清界限。但这些形式具备了体育的特征和元素,正如现代奥林匹克运动也是源于这些艺术形式一样,正是在其自身特质的基础上最终发展成今天的模式。发展徽州民俗体育的意义在于为现实体育服务。不容否认,徽州民俗体育的主体身份是"体育",具有体育的一般结构与功能。应该说人类文化现象都具有自然现象的物质属性、社会现象的组织属性、人文现象的精神属性,但事物的本质是在追求上述三种属性中侧重点不同而表现出其自身特质。正是由于上述三种类属性在不同文化现象中所处的地位的不同,才形成了不同类型的文化现象[①]。因此,坚持体育的物质属性和人文属性,即对人体和精神的作用是其发展之本。在现代

---

① 周伟良:《中华民族传统体育概论高级教程》,高等教育出版社2003年版,第5页。

社会,徽州民俗体育以人的健康和全面发展为依据,追求社会生活秩序的构建与人文精神的皈依,在活动中获得强健的体魄和文明的精神。健康是人全面发展的第一要素,健康的生活方式决定着人的生活质量。从生活中而来的民俗体育同样可以促使人们养成健康的生活方式。通过参与和体验各类民俗体育健身活动,可将其逐渐内化成一种自觉的行为方式,转化为日常健康的生活方式。因此,徽州民俗体育的发展应融入生活中,坚持生活化的发展模式。

在发展徽州民俗体育时坚持"体育"的主体身份,坚持其社会生活化发展模式,并不表示可以忽略它的社会制度和人文精神层面的文化属性和价值功能,坚持一元的发展模式。恰恰相反,徽州民俗体育是一种文化的综合体,既是徽州文化中人们自我表达的重要形式,也是人们身份的一种自我认同。以文化为纽带的身份长期为人们的社会生活提供精神营养,并与社会政治、经济、文化、教育、宗教、艺术等互融,形成你中有我、我中有你的现象,表现出了多重的文化属性。因此,在徽州民俗体育的发展方式问题上,不仅要从体育对人的健康生活方式的影响方面考量,还应站在人文主义的高度来认识徽州民俗体育的文化意义,将发展的模式聚焦在经济、教育、艺术、宗教等各个领域。

作为一项特殊的文化存在,徽州民俗体育是在历史的长河中逐渐脱离或是相对独立出的身体文化,它充分地反映了一个民族的审美观、价值观和文化观。徽州民俗体育离不开与其他文化的交流与融合。徽州地域环境的特殊性造就了民俗体育的特色和文化上的认同性。也正是这些文化认同性造就了他域文化无法比拟的亲和力、辐射力,使它在人们的社会生活中发挥着重要的价值和职能。今天,要用发展的眼光来审视徽州民俗体育的发展模式,应该坚持以古论今的思路,将其文化特质与当今的社会生活联系起来,在其文化特质与现实诉求之间建立起有效通道。

第三节　徽州民俗体育发展的未来期盼

对徽州民俗体育的挖掘整理与开发利用工作才刚刚开始,其发展过程中正面临着延续传统民俗和面向未来的矛盾,肩负着民族情感和世界意识的抉择。徽州民俗体育的发展说到底就是要实现过去传统价值的当代转化。正如余英时在《文史传统与文化重建》中所指出的,中国文化的重建问题事实上可以归结为中国传统的基本价值在现代化的要求下如何调整和转化的问题。在传统社会,徽州民俗体育具有娱神娱人以及稳定社会秩序的功能。这些功能在今天仍然有着不可替代的作用,但随着时代的变迁,其作用在逐渐弱化。同时,人们需求的变化与多元化为徽州民俗体育的现代价值转换提供了更多的通道。这就需要我们进行科学的规划,使其与现代社会的发展诉求相协调,从而推进徽州民俗体育不断向前发展。

一、从文化复合体走向体育文化独立体

徽州民俗体育是一个内涵极其丰富的文化行为,蕴含了徽州地域历史和社会文化的诸多元素,体现了徽州人的社会习俗、生活习惯、道德风尚、心理意识,是独具特色而又十分复杂的文化事象。这一文化事象从一开始就和徽州医学、雕刻、教育、经济、宗教、艺术等融为一体。应该说,徽州民俗体育的形成是徽州政治、经济、文化和民间民俗民风综合作用的结果。在传统社会,徽州民俗体育的开展实际上是徽州区域文化复合体的再现。

作为一种特殊的身体符号语言,徽州民俗体育具备了现代体育的一般性特点,即健身性。通过直接的身体运动过程,达到强身健体、愉悦身心、陶冶情操、自我发展的效果。在这个活动过程中,健身性和体验性是统一的,体现了身心合一的特点。它能对人的机体产生一定的负荷量,从而影响人的健康;同时,通过参与、体验活动项目所蕴含的某种情感和精神,从而促进人的发展。徽州民俗体育实际上在发展中已经逐渐独立于徽州社会文化事象之外,形成了兼备体育运动外在技能和内在精神的文化事象。发展徽州民俗体育是我国体育事业发展的需要,也是实现体育强国、提升体育文化软实力的客观要求。因此,徽州民俗体育的现代发展,是将徽州民俗体育的形式、内容、组织等要素进行适应性调整和优化,实现其价值的当代转化。

二、理论研究与实践创新互为统一

徽州民俗体育的当代发展有其自身的规律,同时,由于徽州民俗体育历史悠久,在发掘其内在价值时,不免带有历史糟粕的印记,这需要我们从多角度对其进行理论研究。

徽州民俗体育理论研究的范围主要包括文化变迁规律、价值演化规律、优秀文化特质与文化糟粕等。对这些问题的深入研究和认识是其能否得到有效发展的前提和基础,要用动态的发展的眼光审视文化糟粕和文化特质之间的关系,不可用今天"物理科学"的眼光来解剖。因此,要综合运用多学科的理论来探讨徽州民俗体育的未来发展道路和具体措施,并努力构建相对独立的体育文化体系。

发展意味着创新,实践创新也是徽州民俗体育发展的基础。但这种创新并非是发明,而是在与诸多体育文化的交流中取长补短,根据需要来适当地改变其形式或内容,坚持变与不变的统一。任何事物的发展都有其历史继承性,文化发展也不例外。任何事物的生命力在于创造和更新,文化的发展也是如此。如果一味地固守传统,那么发展将会僵化,没有生命力。同时,它在发展过程中不断吸收新的文化信息,使其结构发生变化。但随着社会需求的变化,当徽州民俗体育的文化传统特质已经无力解决人们的现实需求时,它便失去了应有的感召力。正如胡适大师对近代文明有过这样的态度:"无论什么文化,凡可以使我们起死回生,返老还童的,都可以充分采用,都应该充分收受。"①大多数传统体育项目的发展都是经过创新改造而在体育的舞台上得到推广和发展的。促进徽州民俗体育的现代发展,不仅要加强理论研究,深入认识,还要借鉴优秀的文化成果,进行现代创新,在发展中实现变与不变相统一。

三、在人才与政策方面给予支持

发展徽州民俗体育事业,人才是关键。徽州民俗体育的成功转型,离不开民间社会团体的参与。近些年,随着城镇化建设的加快和农民工进城的步伐加快,徽州有的村落出现了空巢现象。而年轻人受现代体育项目的影响渐渐对乡土性民俗体育失去兴趣。民俗体育传承人员的严重缺失使很多项目处在消亡的边缘地带。因此,需要调动民间社会团体的积极性和主动性,将民俗体育的发展建立在生活需求的基础上。同时,要发挥地方政府的指导引领作用。政府要制定科学发展规划,给予相应的政策扶持,积极做好

---

① 胡适:《立场:胡适论人生》,九州出版社2012年版,第24页。

发展中的资金提供和协调发展中遇到的问题,积极引导民俗体育快速、健康发展。要实事求是地对徽州民俗体育的资源状况、发展状况进行了解和研究,制定科学合理的扶持政策。充分利用徽州文化的优势,在政府政策的引导下,促进本区域民俗体育资源整合,优化资源配置,推进民俗体育社会化、产业化进程。做好民俗体育产业发展的规划和基础设施建设,制定民俗体育业发展的政策体系,以科学有效的扶持性政策来拓展民俗体育发展的规模,提高其经济效益和社会效益,提升徽州民俗体育的影响力和感召力。只有政府制定切合实际的发展政策与具体有效的措施,才能真正促进徽州民俗体育事业的蓬勃发展。随着徽州民俗体育影响力进一步提升,其功能与价值将会得到凸显,地方政府必须在人才发展和制度保障上加大支持力度,为其未来发展保驾护航。

四、在多元融合中提升发展活力

徽州民俗体育的发展涉及方方面面,问题十分复杂,但问题有主次和轻重缓急之别。在当前和未来一段时间内,徽州民俗体育的发展应在哪些方面有所突破？其发展的重点是什么？这关涉当前和未来一段时间徽州民俗体育发展的目标、路径、政策等一系列问题。

法国民俗学者桑狄夫认为,民俗生活的内容主要包含三个方面,即物质生活、精神生活和社会生活[①]。民俗体育文化的发展同样离不开社会生活场域,更离不开体育文化场域,需要融入体育发展的潮流中。对徽州民俗体育发展重点的探讨,不同的人有不同的视角和看法,但无论如何,徽州民俗体育的发展最终是以人的需要为中心,以人为本,只有顺应、满足人的需要和提升人的素质才能得到真正意义上的发展。徽州民俗体育的价值主要体现在三个方面。在物质层面上,徽州民俗体育曾为徽州社会的经济发展发挥了积极的作用;在制度层面上,不仅对历史中的徽州和谐社会的构建发挥了作用,对今天启发人的良知、增强社会凝聚力和促进情感交流仍然意义重大;在精神层面上,徽州民俗体育带有社会道德色彩,强调人的社会责任。正是由于徽州民俗体育具有不同程度的文化内涵而表现出不同的文化功能和价值,今天发展徽州民俗体育的实质就是要深度开发和利用其功能和价

[①] 盛琦:《中外体育民俗文化》,北京体育大学出版社2011年版,第87页。

值,为人所需,从而调动和提高人们的积极性与参与度,这必然要求我们在物质生活和精神生活中寻求融合和突破。

近些年来,竞技体育的地位一枝独秀,社会大众对休闲健身体育的参与热情十分高涨,体育教育追求人文素养方兴未艾,体育文化产业发展势头十分强劲,等等。体育发展的这些特征与趋势为徽州民俗体育的价值实现找到了融合的平台。徽州民俗体育可以结合自身实际,在上述多元发展的趋势中实现融合,从而提升其发展活力。

第九章　徽州民俗体育研究的结论与建议

一、结论

(1)民俗体育是民间大众集体创造的约定俗成的体育生活文化。徽州民俗体育具有民俗体育的基本属性,同时又具有徽州地域特色。只有符合徽州地方色彩的民俗体育才是徽州民俗体育。因此,徽州民俗体育是徽州民间大众集体创造的具有徽州地方特色的约定俗成的体育生活文化。

"民间体育""民俗体育"和"民族体育"既有联系又有区别。三者都具有传统性特征,都应归入"传统体育"的范围,都属于传统体育的重要内容;民间体育是相对官方而言的,因此,凡是存在于民间大众的体育均是民间体育,民间体育的范围比民俗体育的范围广;民族是相对世界性而言的,民族体育是承载着稳定、共同的心理素质的体育文化。三者的不同在于其特征(本质属性)的不同,但三者也有交集。如徽州民间的武术项目既是民间体育项目,又是民族体育项目,同时也是民俗体育项目。

(2)徽州民俗体育是在徽州传统文化土壤中形成的地域文化,是我国民族传统文化的瑰宝。在几千年的历史传承中,徽州民俗体育以其独特的运动形式,丰富了人们的社会生活,担当了凝聚民族智慧、引领徽州文化传承的使命,成为徽州文化的显性载体。徽州民俗体育的形成与徽州自然环境以及社会历史之间有着内在的逻辑关联。徽州"七山一水一分田,一分道路和庄园"的独特地理环境,形成了独具特色的文化习俗传统,为徽州民俗体育的形成提供了前提条件;徽州深厚的宗族传统、发达的商业氛围和浓郁的信仰心理为徽州民俗体育的形成提供了人文营养。在徽州历史进程中,徽州民俗体育的历史发展表明:①群体需求是徽州民俗体育形成与发展的内在生命力;②文化传播是徽州民俗体育形成与发展的主要途径;③地域限定是徽州民俗体育在发展中形成自身特色的原因所在;④经济发展是徽州民俗体育形成与发展的基础。

(3)本着求真的原则和还原徽州民俗体育在人们社会生活中的时态来对部分项目进行整理,揭示徽州民俗体育的历史原貌、文化个性及其所承载的文化信息。研究认为,徽州民俗体育主要有节日庆典类、日常生活类和武术类等民俗体育运动形态,这些民俗体育活动所展现出来的精神面貌为徽州人的生活和理想带来希望,今天仍然存活在民间社会生活中,成为一种独特的文化景象。

(4)任何文化的创新和进步都建立在传统文化的基础之上,新的文化事象必须与传统文化嫁接在一起才能焕发出生命力,否则它会成为无本之木、无源之水。在弘扬徽州民俗体育文化并积极创造具有时代气息和厚重文化底蕴的体育文化时,需要对其蕴含的传统文化特征进行总结,这是徽州民俗体育文化发展的根基与生命力所在。徽州民俗体育的演变和发展是存在于徽州特定的地域和人文环境之中的,是在徽州社会历史进程中不断与舞蹈艺术、生产生活、宗教仪式、传统节日、徽州理学等进行选择、积累、变异、交融和定型的过程。它不仅有着我国民俗体育所具有的地域性、传承性、历史性、变异性等一般特征,同时,在文化结构层面上还呈现出自己的原真性特征:①活动的农耕性十分显著;②活动的宗法性极为突出;③活动的宗教性色彩强烈;④娱乐性与教育性互为补充;⑤生活性与审美性相点缀;⑥民族情感与民族精神高度汇聚。

(5)发掘徽州民俗体育的目的是为现实服务,使其能够满足个体与社会的需要。在徽州历史的进程中,徽州民俗体育成为徽州文化的有效载体,同时构成社会文化的组成部分,影响着人们的社会心理、价值观念、道德标准和审美追求,发挥着健身娱乐、道德教化、民族凝聚等作用而被一直传承至今。当前,徽州民俗体育功能的发挥需要融入社会发展的现实需求中,尤其需要在和谐社会建设和全民健身工程中发挥其应有的作用。在和谐社会建设方面,通过融入基层社区建设、现代社会的风尚建设和学校体育课程开发中,以其人文精神培养民族情感,促进人们身心健康及社会和谐发展;在全民健身方面,徽州民俗体育可以丰富全民健身运动的内容,同时通过全民健身运动的开展,实现其自身的发展。

（6）任何一种文化的发展都离不开其生存的时空。文化的发展总是伴随着社会历史的轨迹和文明的演进而不断丰富的。或者说，民俗体育的发展是社会变迁的晴雨表，昭显着社会的发展轨迹。因为社会的发展变化包含了民俗体育变迁的内容，民俗体育的形成、发展与流变在一定程度上反映了社会的发展和变迁。研究认为：①生产方式、社会组织和社会心理作为外部条件对徽州民俗体育的变迁产生影响；②徽州民俗体育经历从村落到舞台的分化变迁、从宗族管理到政府主管的组织变迁、从娱神到娱人的内涵变迁三个过程；③徽州民俗体育的变迁表明了需求的选择是民俗体育变迁的主要推动力，民俗体育变迁的路径是"失范"和"规范"并进的过程，民俗体育的变迁必须遵循社会生态法则。

（7）从非物质文化遗产视角来看，徽州很多民俗体育项目被列为省级或地市级非物质文化遗产，但在保护和传承中存在对这些非物质文化遗产的保护力度不够、科研工作不够深入和传承主体责任感淡漠等问题。研究认为：徽州民俗体育的保护和传承是一项复杂的系统工程，需要政府精心设计，按照非物质文化遗产法的要求建立相应的有效保护机制。同时，千方百计调动民间主体的积极性，从而使这一机制能够持续有效地发展，遵循整体保护原则，将传承与发展结合起来，树立传承是为了发展、发展是最好的保护与传承的理念，借鉴活态的非物质文化遗产保护模式，在力求区域文化特色和人文资源结合的基础上进行"开发性传承"，从而为民俗体育文化的传承注入市场动力和经济活力。

从人文素质教育视角来看，徽州民俗体育有着典型的人文特色，凝聚着亲近自然的和谐精神、以人为本的人道传统和追求真、善、美的人文责任，对其进行课程开发是当代人文素质教育背景下的必然选择，也是其传承和发展的重要路径。人文素质教育的内容有很多，而通过徽州民俗体育的课程进行人文素质教育是其他内容无法替代的。之所以如此，一方面是由人文素质教育的效果具有长期性特点决定的，需要借用一种行为方式来潜移默化地加以影响；另一方面是由徽州民俗体育本身具备的人文性资源特点决定的，通过课程的开发方能显现徽州民俗体育的人文性，这也是其有效传承和发展的关键。

从文化产业视角来看，徽州民俗体育本身具备了文化生产力的特点，通过市场传播徽州民俗体育文化精神,广泛影响大众的价值观念,从而实现人们物质与精神需求的满足。徽州民俗体育文化产业的实质是将文化资源转化为文化产品。要充分发挥徽州文化的优势,在其内在特色上求深度,围绕市场需求,对外求广度,发挥市场经济价值和民俗体育文化的教育功能等双重效益,在以人文和自然资源为依托的开发中,实现徽州民俗体育保护传承和建设性开发并重的目的。

(8)徽州民俗体育发展的实质是实现徽州民俗体育的价值转换。徽州民俗体育只有发展才能显现生命力,而其发展又不能脱离社会和人的全面发展对体育文化提出的要求。徽州民俗体育的发展离不开人们的生活空间和社会需求,只有回归人们的生活世界和社会发展诉求中才能真正实现有效发展,否则,其发展则毫无根基。这就需要在徽州民俗传统与现代生活世界和社会需求之间建立一个调适机制,从而实现文化价值转化。

二、建议

(1)徽州民俗体育内容丰富,诸多体育项目资源有待探寻。如何使这些潜在的资源转化成现实财富,并使其走向科学化、社会化和产业化的发展轨道,为人们的物质和精神需求服务是个急需花大力气解决的问题。对此,建议加强徽州民俗体育的理论研究和实践性研究,大力开展多部门、多领域和多学科联动,使其在未来的体育强国建设中大放异彩。

(2)本课题研究还存在一些遗憾和不足,在后续研究中还要加强对以下议题的研究:一是由于徽州民俗体育总是依附于民俗活动,所以对其运动形态的整理还处在文化意义的介绍或描述上,没能形成系统化和社会化的研究体系;二是对国外民俗体育理论与发展现状的阐述相对薄弱;三是由于徽州地方文献、方志、谱牒等资料收藏单位、部门和个体很多,收集这样的资料十分困难,导致研究中对第一手资料的占有还显不足;四是在理论研究上运用西方人类学和社会学等多学科交叉来解读徽州民俗体育的相关问题还显得薄弱,等等。

主要参考文献

[1]安徽省地方志编纂委员会:《安徽县志·文物志》,方志出版社1998年版。

[2]安徽省徽州地区地方志编纂委员会:《徽州地区简志》,黄山书社1989年版。

[3]白晋湘:《民族民间体育》,高等教育出版社2010年版。

[4]卞利:《徽州民俗》,安徽人民出版社2005年版。

[5]陈双、任远金:《古徽州"鱼龙舞"的文化内涵与现代流变》,《军事体育进修学院学报》2008年第3期。

[6]丁世良、赵放:《中国地方志民俗资料汇编》(华东卷·中册),书目文献出版社1995年版。

[7]董时恒、熊晓正:《体育探源》,《体育理论》1982年第2期。

[8]傅岩:《歙纪》,陈春秀校点,黄山书社2007年版。

[9]高丙中:《民俗模式:民俗研究的操作单位及其属性》,《北京师范大学学报》(社会科学版)1994年第4期。

[10]高寿仙:《徽州文化》,辽宁教育出版社1995年版。

[11]高松山、云林森、张文普:《洛阳文化中民间民俗体育的开发与利用》,《体育文化导刊》2007年第10期。

[12]郭泮溪:《中国民间游戏与竞技》,上海三联书店1996年版。

[13]郭亚丁等:《全面从严治党——学习习近平党的建设思想论述》,中共中央党校出版社2015年版。

[14]胡朴安:《中华全国风俗志》,上海书店1986年版。

[15]华勒斯坦、儒玛、凯勒等著,刘峰译:《开放社会科学:重建社会科学报告书》,生活·读书·新知三联书店1997年版。

[16]黄山市政协文史资料委员会:《徽州大姓》,安徽大学出版社2005年版。

[17]贾磊:《徽州体育文化概论》,兰州大学出版社2010年版。

[18]克莱德·M.伍兹著,何瑞福译:《文化变迁》,河北人民出版社1989年版。

[19]李红梅:《福建省中学民俗体育课程资源现状与开发研究》,福建师范大学2006年硕士论文。

[20]梁漱溟:《东西文化及其哲学》,商务印书馆2010年版。

[21]林语堂:《日常的娱乐》,《文学界》(专辑版)2009年第12期。

[22]刘旻航、李树海、王若光:《我国民俗体育的现代功能及社会文化价值研究》,山东人民出版社2012年版。

[23]刘汝骥:《陶甓公牍》,梁仁志校注,安徽师范大学出版社2018年版。

[24]刘兴豪:《农村社会学》,中国人民大学出版社2004年版。

[25]卢兵:《中华民族传统体育文化导论》,民族出版社2005年版。

[26]卢元镇:《中国体育社会学》(修订本),北京体育大学出版社2000年版。

[27]饶远等:《中国少数民族体育文化通论》,云南人民出版社2012年版。

[28]歙县文化局编纂委员会:《歙县民间艺术》,安徽人民出版社2006年版。

[29]沈泓:《节庆狂欢:民间美术中的节俗文化》,中国工人出版社2009年版。

[30]盛琦:《中外体育民俗文化》,北京体育大学出版社2011年版。

[31]史徒华著,张恭启译:《文化变迁的理论》,台湾远流出版事业股份有限公司1989年版。

[32]司马云杰:《文化社会学》,山西教育出版社2007年版。

[33]谭华:《体育史》,高等教育出版社2005年版。

[34]谭伟平:《大学人文教育与人文课程》,华中科技大学2005年博士学位论文。

[35]唐力行:《徽州宗族社会》,安徽人民出版社2005年版。

[36]涂传飞:《农村民俗体育文化的变迁：一个村落舞龙活动变迁的启示》,北京体育大学出版社2011年版。

[37]王俊奇:《江西民俗体育文化》,江西人民出版社2008年版。

[38]王俊奇:《赣皖边区村落民俗体育研究》,《北京体育大学学报》2006年第11期。

[39]王廷元、王世华:《徽商》,安徽人民出版社2005年版。

[40]王文章:《非物质文化遗产概论》(修订本),教育科学出版社2013年版。

[41]王新婷:《中国传统文化概论》,中国农业大学出版社2011年版。

[42]王振忠:《徽州社会文化史探微:新发现的16—20世纪民间档案文书研究》,上海社会科学院出版社2002年版。

[43]威廉·A.哈维兰著,瞿铁鹏、张钰译:《文化人类学》,上海社会科学院出版社2006年版。

[44]乌丙安:《中国民俗学》(2版),辽宁大学出版社1999年版。

[45]乌丙安:《非物质文化遗产保护理论与方法》,文化艺术出版社2010年版。

[46]吴必虎、俞曦:《旅游规划原理》,中国旅游出版社2010年版。

[47]吴祖鲲、王慧姝:《文化视域下宗族社会功能的反思》,《中国人民大学学报》2014年第3期。

[48]徐宏图:《南宋戏曲史》,上海古籍出版社2008年版。

[49]谢弗著,许春山、朱邦俊译:《文化引导未来》,社会科学文献出版社2008年版。

[50]许承尧:《歙事闲谭》,李明回、彭超、张爱琴校点,黄山书社2001年版。

[51]杨宝忠:《社会主义和谐文化若干理论问题研究》,东北师范大学2013年博士论文。

[52]叶显恩:《徽州与粤海论稿》,安徽人民出版社2004年版。

[53]余英时:《文史传统与文化重建》,生活·读书·新知三联书店2004年版。

[54]张岱:《陶庵梦忆》,马兴荣点校,上海古籍出版社1992年版。

［55］张海鹏、王廷元：《明清徽商资料选编》，黄山书社1985年版。

［56］赵东玉：《中华传统节庆文化研究》，人民出版社2002年版。

［57］赵吉士：《寄园寄所寄》，周晓光、刘道胜点校，黄山书社2008年版。

［58］张小平：《徽学与民俗》，黄山书社2001年版。

［59］张选惠、李传国、文善恬：《民族传统体育概论》，电子科技大学出版社2013年版。

［60］张选民：《民族传统体育概论》，人民体育出版社2006年版。

［61］郑国华：《禄村变迁中的传统体育流变研究》，《体育科学》2010年第10期。

［62］中华书局编辑部：《宋元方志丛刊》（第8册），中华书局1990年版。

［63］钟敬文：《民俗学概论》，上海文艺出版社1998年版。

［64］钟敬文：《民间文学讲演集》，北京师范大学出版社1999年版。

［65］周爱光：《体育休闲本质的哲学思考——兼论体育休闲与休闲体育的关系》，《体育学刊》2009年第5期。

［66］周鸿：《人类生态学》，高等教育出版社2001年版。

［67］周密：《武林旧事：插图本》，李小龙、赵锐评注，中华书局2007年版。

［68］周伟良：《中华民族传统体育概论高级教程》，高等教育出版社2003年版。

［69］周晓虹：《传统与变迁——江浙农民的社会心理及其近代以来的嬗变》，生活·读书·新知三联书店1998年版。

［70］周星：《民俗学的历史、理论与方法》（全二册），商务印书馆2006年版。

［71］邹琼：《全球化与乡村变迁：珠三角南村的实践》，商务印书馆2012年版。

［72］朱炳样：《社会人类学》（2版），武汉大学出版社2009年版。

［73］朱万曙：《徽学（第3卷）》，安徽大学出版社2004年版。

后 记

　　《徽州民俗体育研究》要付梓了，这本书是在国家社科基金青年项目成果的基础上修改完成的。将其出版献给同好，一方面书中不仅有对徽州传统民俗体育的形成与演进、运动形态、文化特征、社会变迁等全面系统的挖掘与整理，还有我对徽州民俗体育的看法和主张，希望这些能为民俗体育学科建设和后续的研究者们提供一些有益帮助；另一方面本书的出版也是我学术道路上成长的一个阶段性见证。由于个人学术根底尚浅，书中尚存一些不足之处，敬祈方家批评指正。

　　本书的付梓要特别感谢授业恩师席玉宝教授的悉心指导和帮助，感谢资料搜集整理过程中给予帮助的学人和朋友。同时，还要感谢汪碧颖老师为本书编校付出的辛勤劳动。谨以此书献给妻儿，感谢她们在我学术追求的路上给予的温暖陪伴。

卢　玉

2017年12月8日